탑 속에 다라니를
사경하여 안치하고 공양하며
법에 의거 신주神呪를 7번 염송하라.
그러면 그대의 수명이 증장되며,
오랜 뒤에 목숨을 마치면
극락세계極樂世界에 왕생하여
백천 겁 동안 복락을 받을 것이다.
만일 시시때때 늘상 외우는 사람은
보리를 증득할 때까지 숙명통을 얻을 것이며…
- 무구정광대다라니경 -

무구정광대다라니경
보협인다라니경
수구성취다라니경

목 차

무구정광대다라니경　　　7

보협인다라니경　　　89

수구성취대다라니경　　　137

부록 : 독송용 불교진언

　　대불정능엄신주　　　214

　　대비주　　　236

　　여의보륜왕다라니　　　240

　　소재길상다라니　　　241

　　공덕보산신주　　　241

　　불모준제신주　　　242

　　성무량수결정광명왕다라니　　　242

　　약사관정진언　　　243

　　관음영감진언　　　243

　　칠불멸죄진언　　　244

　　왕생정토신주　　　244

　　불정존승다라니　　　245

　　광명진언　　　248

　　마하반야바라밀다심경　　　250

무구정광대다라니경

守衛住持讀誦書寫
供養為護一切諸眾生
故於後時令於彼眾
生悉得聞知不墮地
獄及諸惡趣我等為
報如來大恩咸共守護
令廣流通尊重恭敬
如佛无異不令此法希
有壞滅佛言善哉
善哉汝等乃能堅
固守護住持如是陀
羅尼法時諸大眾聞
佛說已歡喜奉行
無垢淨光大陁羅尼經

『무구정광대다라니경無垢淨光大陀羅尼經』은 '티끌 없이 청정하고 빛나는 다라니경'이라는 뜻이다. 겁비라전다劫比羅戰茶라는 사람이 석가여래에게 생명을 연장하기 위해 어떻게 하면 되느냐고 묻자 무너진 불탑을 새로 세우고 그 안에 다라니경을 베껴 써서 넣으면 큰 공덕을 얻게 될 것이라고 답하였다는 내용을 담고 있다. 멸죄연수(滅罪延壽: 죄를 씻고 수명을 연장함)의 법을 구하기 위해 옛 탑을 수리하거나 조그마한 탑을 무수히 만들어 그 속에 공양토록 한 최고의 공덕경 중 하나이다.

이 때문에 탑을 건립할 때 다라니경을 함께 사리함에 봉안한 경우가 적지 않았다. 그 대표적인 예가 불국사 석가탑에서 발견된 이 다라니경과 일본의 백만탑다라니경百萬塔陀羅尼經이다. 이 다라니경은 일본에서 770년에 간행된 백만탑다라니의 목판본보다 20년 가량 앞서는 것으로서, 751년 신라 경덕왕 10년경에 간행된 목판인쇄물로 세계에서 가장 오래된 목판인쇄본으로 인정받고 있으며, 국보 제126호로 지정돼 있다.

이 경은 도화라국都貨邏國의 미타산彌陀山 스님이 법장法藏 스님과 함께 당나라 무주武周 말년인 장안 연간(長安年間, 701~704)에 한역하여 대장경에 편입한 것이다. 한글 번역은 동국역경원본을 참조하였으며, 독경에 편하도록 일부 수정하고 주석을 첨부하였다.

이 경집은 불기 2565년(2021년) 부처님오신날 봉안 예정인 **세종 영평사의 '부처님진신사리영평보탑'에 복장물로 모셔진 무구정광대다라니경 사경집** 발간을 봉축하며 발행되었다.

무구정광대다라니경
無垢淨光大陀羅尼經

이와 같이 내가 들었다. 일찍이 부처님이 가비라성[1]의 큰 절에서 큰 비구와 무량 대중들과 함께 계셨다. 또 한량없는 백천억 나유타 보살 마하살이 있었으니, 그 이름은 제일체개장보살, 집금강주보살, 관세음보살, 문수

---

1) 가비라성迦毘羅衛 : kapilavastu(迦毘羅衛)의 역어로 석가모니부처님이 탄생한 도시국가. 지금의 네팔 타라이(Tarai) 지방이다.

사리보살, 보현보살, 무진의보살, 미륵보살이 수좌가 되었으며 또 한량없는 하늘, 용, 야차, 건달바, 아수라, 가루라, 긴나라, 마후라가, 사람인 듯 아닌 듯한 대중들이 공경하고 둘러 있는 가운데서 법을 말씀하시었다.

如是我聞　一時佛在迦毘羅城大精舍中　與大比丘衆無量人俱　復有無量百千億那由他菩薩摩訶薩　其名曰除一切蓋障菩薩　執金剛主菩薩　觀世音菩薩　文殊師利菩薩　普賢菩薩　無盡意菩薩　彌勒菩薩　如是等而爲上首　復有無量天龍夜叉乾闥婆阿修羅迦樓羅緊那羅摩睺羅伽人非人等無量大衆恭敬圍遶而爲說法

그때 성 안에 겁비라전다劫比羅戰茶라는 바라문이 있어 외도外道에 귀의하여 불법을 믿지 아니하였다. 어떤 관상쟁이가 겁비라전다에게 말하였다.

"바라문이여 당신은 7일 후에는 이 세상을 떠나게 되었소."

바라문은 이 말을 듣고 놀랍고 걱정되어 이렇게 생각하였다.

'누가 나를 구해줄 것인가, 누구에게 의지하면 좋을까? 옳지! 사문 고오타마는 온갖 지혜를 얻은 이라고 하니, 내가 이제 그에게 가리라 그가 진실로 온갖 지혜를 얻은 이라면 반드시 나의 걱정하는 일을 말하리라.

時彼城中有大婆羅門 名劫比羅戰茶 歸敬外道不信佛法 有善相師而告之言 大婆羅門汝却後七日必當命終 時婆羅門聞是語已 心懷愁惱驚懼怖畏作是思惟誰能救我我當依誰 復作是念沙門瞿曇稱一切智證一切智 我當詣彼 彼若實是一切智者必當說我憂怖之事

그리고 바라문은 곧 부처님 계신 데 가서 대중이 모인 가운데 멀리 부처님을 바라뵈옵고 말을 물으려 하면서 망설이고 있었다.

그때 석가여래께서는 삼세법을 모르시는 것이 없었는데, 바라문의 마음을 아시고 자비한 음성으로 말씀하셨다.

作是念已即往佛所 於眾會前遙觀如來 意欲請問
而懷猶豫 時釋迦如來於三世法無不明見 知婆羅
門心之所念 以慈軟音而告之言

"바라문이여, 그대는 이제부터 7일 후에는 반드시 죽을 것이다. 죽어서는 무서운 아비지옥에 들어갈 것이다. 아비지옥에서 나와서는 다시 16가지 지옥에 들어갈 것이며, 거기서 나와서는 다시 천민의 몸이 될 것이다. 천민이 죽어서는 또 돼지가 되어서 늘 더러운 냄새 속에 살면서 똥을 먹을 것이다. 돼지 몸으로 오래 살면서 무한한 고통을 받으며 천하고 더럽고 냄새 나고 얼굴이 누추하고 꺼멓게 되고 조갈병(당뇨병)이 들고 나병癩病(문둥병)에 걸려서 사람들이 상대하기를 싫어할 것이다. 목구멍은 바늘 같아서 항상 굶주릴 것이며 남에게 얻어맞는 괴로움을 한없이 받을 것이다.”

大婆羅門汝却後七日定當命終　墮可畏處阿鼻地獄
從此復入十六地獄　出已復受㾩陀羅身　命終之後
復生猪中　恒居臭泥常食糞穢　壽命長時多受衆苦
後得為人貧窮下賤　不淨臭穢醜形黑瘦　乾枯癩病
人不喜見　其咽如針恒乏飲食　得人捶打受大苦惱

바라문은 이 말씀을 듣고 무섭
고 근심이 되어 슬피 울면서 부
처님 앞에 나아가 부처님 발에
예배하고 여쭈었다.
"부처님께서는 일체 중생을 구
제하시는 분이옵니다. 제가 지
금 지성으로 참회하고 귀의하오
니, 세존이시여, 저의 지옥의 고

통을 건지어 주옵소서."

頂禮雙足時婆羅門聞是語已　　生大恐怖悲泣憂愁
疾至佛所頂禮雙足　　而白佛言如來即是救濟一切
諸衆生者 我今悔過歸命世尊 唯願救我大地獄苦

부처님이 말씀하셨다.
"바라문이여, 가비라성의 삼거리
에 오래된 탑塔이 있고 그 탑 속
에는 여래의 사리舍利2)가 있느니
라. 지금 그 탑이 무너져 가니,
그대가 가서 탑을 중수하면서
상륜당相輪樘을 만들어 그 속에
다라니를 사경하여 안치하고 공

---

2) 참된 수행의 결과로 생겨난다고 여겨지는 부처님 또는 고승·대덕의 구슬
모양의 유골.

양하며 법에 의거 신주神呪를 7
번 염송하라.

佛言大婆羅門此迦毘羅城三岐道處有古佛塔 於中
現有如來舍利 其塔崩壞汝應往彼重更修理 及造
相輪樴寫陀羅尼 以置其中興大供養 依法七遍念
誦神呪

그러면 그대의 수명이 증장되
며, 오랜 뒤에 목숨을 마치면
극락세계極樂世界3)에 왕생하여 백

---

3) 음역하여 수하마제須訶摩提·수마제須摩提·소하박제蘇訶縛提라 쓰고, 안
양安養·안락安樂·안온安穩·묘락妙樂·낙방樂邦이라 번역한다. 흔히 '서
방정토·극락국 이라 한다. 이 사바세계에서 서쪽으로 십만억 국토를 지나
서 있는 윤회계를 벗어난 불국토인데, 이 국토는 아미타불의 전신인 법장
비구法藏比丘의 원력으로 이루어졌으니 지금도 아미타불이 항상 설법하시
며, 즐거움만이 있고 괴로움이라고는 아주 없는 가장 자유롭고 안락한 깨
달음의 세계이다. 누구나 지성으로 수행하면 극락에 날 수 있다. 이 정토
는 법장비구가 오랜동안 보살도를 닦은 인행因行의 과보로 얻어진 보토報
土이다. 극락세계는 실재하는 곳이며, 동시에 그것은 중생심을 여의지 않고
있으니 중생심 중의 번뇌만 청정하면 즉시에 극락이 현전하는 것이다.

천 겁 동안 복락을 받을 것이
다. 그 뒤에는 묘희세계妙喜世界4)
에 왕생하여 역시 백천겁 동안
복락을 받고 그 다음에는 도솔
천兜率天5)에서 백천 겁 동안 복락
이 상속될 것이다.

일체 태어나는 곳마다 지난 세
상의 일을 분명히 알며[宿命通] 일
체 장애를 모두 없애고 일체 죄
업이 소멸되어서 일체 지옥의
고통을 영원히 여의고 항상 부

---

4) 부동不動 여래의 화신인 유마維摩 거사가 머무는 청정한 국토.
5) 미륵보살이 머무는 내원과 천인들이 즐거움을 누리는 외원으로 구성된 천
   상의 정토. 지족천知足天이라고 한다. 이곳에 사는 이들은 오욕五欲을 만
   족하고 있음을 뜻한다. 욕계6천 중 네 번째 하늘로, 욕계 제3천인 야마천
   夜摩天으로부터 16만 유순由旬 위에 위치한다고 한다.

처님을 뵈옵고 여래의 처소에서 보살핌을 받을 것이다.

令汝命根還復增長　久後壽終生極樂界　於百千劫
受大勝樂　次後復於妙喜世界　亦百千劫如前受樂
後復於諸兜率天宮　亦百千劫相續受樂　一切生處
常憶宿命　除一切障滅一切罪　永離一切地獄等苦
常見諸佛恒爲如來之所攝護

바라문이여, 어떤 비구나 비구니 우바세 우바이나 선남자 선여인이 단명하거나 병이 많거든, 오래된 탑을 중수하거나 진흙으로 작은 탑을 만들고 법에 의거하여 다라니를 사경하고 다라니로 단을 만들라. 그 복으로 명이 다 한 사람은 목숨이 증장하고 병이 있는 이는 모두 쾌차할 것이며, 지옥·축생을 영원히 떠나 지옥이란 소리를 듣지도 못할 것인데, 어찌 몸에 지옥의 고통을 받게 되겠느냐?"

婆羅門若有比丘比丘尼優婆塞優婆夷善男女等 或有短命或多病者 應修故塔或造小泥塔 依法書寫陀羅尼呪 呪索作壇 由此福故命將盡者 復更增壽 諸病苦者皆得除愈 永離地獄畜生餓鬼 耳尚不聞地獄之聲 何況身受

바라문은 이 말을 듣고 기쁜 마

음으로 바로 무너진 탑에 이르
러 바르게 중수하였다.

그때에 회중에 있던 제개장除蓋障
보살이 일어나서 합장하고 부처
님께 여쭈었다.

"세존이시여, 그 다라니는 어떠
한 것이오며, 어떠한 행복과 은
덕과 선량한 뿌리를 내나이까?"

時婆羅門聞此語已心懷歡喜　　即欲往彼故壞塔所
依教修營　時衆會中除蓋障菩薩　從坐而起合掌白
佛言世尊　何者是彼陀羅尼法　而能生長福德善

부처님이 말씀하셨다.

"이름은 '최승무구청정광명대단

장법最勝無垢淸淨光明大壇場法이다. 여러 부처님들이 이것으로써 중생을 위로하시느니라. 이 다라니를 들은 사람은 오역적죄가 사라져 지옥문이 닫히게 되고, 자기 것은 아끼고 남의 것을 탐내고 질투한 죄업이 사라지며, 명이 짧은 이는 수명이 연장되며 여러 가지 상서로운 일이 저절로 생기게 되느니라."

根佛言有大陀羅尼 名最勝無垢淸淨光明大壇場法 諸佛以此安慰衆生 若有聞此陀羅尼者 滅五逆罪閉地獄門 除滅慳貪嫉妒罪垢 命短促者皆得延壽 諸吉祥事無不成辦

제개장보살이 다시 부처님께 여
쭈었다.

"세존이시여, 원컨대 이 다라니
법을 설하시어 모든 중생들로
하여금 장수케 하오며, 모든 업
장이 사라지며, 일체 중생을 환
하게 하옵소서."

時除蓋障菩薩復白佛言　世尊願佛說此陀羅尼法
令一切衆生得長壽故　淨除一切諸罪障故　為一
切衆生作大明故

세존께서 청을 들으시고 정수리
에 크게 방광放光을 하시어 삼천
대천세계를 두루 비추시어 일체

부처님을 깨우치시고, 다시 부처님의 정수리로 들어갔다. 그때 부처님은 아름답고 기뻐하고 뜻에 맞는 가릉빈가의 음성으로 다라니를 말씀하시었다.

爾時世尊聞是請已 即於頂上放大光明 遍照三千大千世界 遍覺一切諸如來已 還歸本處從佛頂入時佛即以美妙悅意迦陵頻伽和雅之音 而說呪曰

[근본다라니]
나모 쌉따 쌉따띠뱌 쌈약 쌈붇다 고띠남 빠리슏다 마나스 까라 쁘라띠 쉬티따남
나모 바가바떼 아미따유샤야 다타

가따야 아르하떼 쌈약 쌈붇다야
옴 사르와
다타가따 아유르 와르나 발라 쌈
빤나 위 슌데 쌈 바라 쌈 바라
사르와 다타가따
위르야 발레나 쁘라띠 쌈하리에
쓰파라 쓰파라 사르와 다타가따
아누바와 빠리
빨라야 보디보디 부드야 부드야
보다야 보다야 사르와 싸뜨와남
짜 사르와 빠빠
아와라나 위쇼다야 사르와 말라
까르만따 위가떼 쑤 붇다 붇디 후

루후루 쓰와하

부처님이 말씀하셨다.
"제개장보살이여, 이것이 근본 다라니 주문이니라. 만일 이 법을 행하려거든, 초 8일이나 13일이나 14일이나 15일에, 사리탑을 오른쪽으로 77바퀴를 돌면서 이 다라니 77번을 외우고, 단을 만들어 위를 깨끗이 하고 이 다라니 77번을 쓰되, 법을 소중하게 여기는 마음으로 다라니를 쓰는 사람에게 향과 꽃과 음식과 의복을 이바지하고, 목욕하고 향을 바르고 향을 풍기어 공양하며, 혹은 칠보로 혹은 형편에 따라서 보시할 것이니라.

佛言　除蓋障此是根本陀羅尼呪　若欲作此法者
當於月八日或十三日　或十四日或十五日　右遶舍
利塔滿七十七匝　誦此陀羅尼亦七十七遍　應當作
壇於上護淨　書寫此呪滿七十七本　尊重法故於書
寫人　以香花飮食淨衣洗浴　塗香熏香而為供養
或施七寶或隨力施

쓴 주문呪文은 탑 속에 넣고 그 탑에 공양하며, 혹은 진흙으로 작은 탑 77개를 만들고 주문

한 벌씩을 탑 속에 넣어 공양할 것이니라. 이렇게 법대로 행하면 명이 짧은 이는 목숨이 연장되고, 모든 업장이 전부 소멸되어 지옥 아귀 축생을 영원히 여의고, 태어나는 곳마다 숙명통을 얻고 원하는 것마다 얻어 만족할 것이며 77억 여래에게 선근을 심은 것이니, 일체의 질병과 모든 번뇌가 전부 사라지리라.

當持呪本置於塔中供養此塔　或作小泥塔滿足七十
七　各以一本置於塔中而興供養如法作已　命欲盡
者而更延壽　一切宿障諸惡趣業悉皆滅盡　永離地

獄餓鬼畜生　所生之處常憶宿命　一切所願皆得滿
足　則為已得七十七億諸如來所而種善根　一切衆
病及諸煩惱咸得消除

어떤 사람이 병이 중하여 죽게
되거든 네모난 단을 만들고 그
위에 여러 가지 형상(바퀴, 금강저,
소라형, 삼지장, 달형상, 연꽃, 사각에 연꽃을
그리고 그 위에 병을 놓는다)을 그려 병
에 향수를 가득 담아 네 귀에
놓고, 향로는 벌여 놓고 좋은
향을 사루며, 오색 발우에 여러
가지 음식과 3백정식(우유, 타락, 쌀
밥)을 가득 담고, 다시 다섯 발

우에 향·꽃·물·멥쌀을 단에 올려 공양하되, 갖가지 음식을 한 그릇에 담고, 물 한 병을 단의 복판에 놓을 것이다.

若人病重命將欲盡 當為作方壇 於上畫作種種形狀(所謂 輪形 金剛杵 形螽形 戟形月字形 蓮花形 四角畫蓮花 上安瓶) 瓶滿香水置於四角 布列香鑪燒衆名香 以五色鉢盛種種食及三白食(謂乳酪粳米飯)復以五鉢(各盛香花水及粳米)壇上供養 種種飲食盛滿一器 及水一瓶置壇中心

단의 옆에는 비나야가毘那耶迦6)의 형상을 그리되 정수리에 등불을

---

6) 상수마常隨魔라 하며, 코끼리 머리에 사람 몸을 지난 악한 귀신. 수행자를 항상 따라 다니면서 틈을 타 착한 일을 방해한다. 불법에 귀의한 비나야가는 호법신의 역할을 한다.

이게 하며, 병이 난 사람은 단의 서쪽에 단을 향해 서게 하고, 밥 한 그릇을 담아 병인과 마주한 단상에 놓을 것이며, 주문 외우는 사람(呪師)은 모름지기 청정하고 여법하게, 이 병자에게 주문 77번을 읽으면 이 죽게 된 사람이 7일 동안을 혼수상태에 있다가 정신을 차리며 돌아오는 것이, 꿈에서 깨어나는 듯 하리라.

於壇近邊畫作毘那夜迦像 頂上安燈 將彼病人在
於壇西 面向此壇 盛一器食對病人前置於壇上
呪師要須淸淨如法 呪此病人七十七遍 令將死之

人惛冥七日 命續識還如從夢覺

만일 정성 드리는 때에 하루 한
번씩 이 주문을 읽어 백 년을
채우면 이 사람은 죽어서 극락
세계에 왕생할 것이요, 만일 시
시때때 늘상 외우는 사람은 보
리를 증득할 때까지 숙명통을
얻을 것이며, 요절하거나 나쁜
갈래에 떨어지는 일은 영원히
없으리라.

若有護淨日別一遍　誦念此呪滿足百年　是人命終
生極樂界　若一切時常念誦者　乃至菩提恒憶宿命
永離夭壽及諸惡趣

만일 죽을 사람을 위하여 그 이름을 부르면서 지극 정성으로 이 주문을 77번 외우면, 그 사람이 나쁜 갈래에 태어났더라도 그 즉시 악도惡道(지옥·아귀·축생도)의 고통을 떠나서 천상에 태어날 것이니라. 혹은 그 이름을 부르면서 이 다라니를 베껴써서 (書寫) 탑 속에 넣고 여법히 공양하면, 죽은 이가 악도를 떠나서 천상에 태어날 것이며 혹은 도솔천兜率天 궁에 태어나서 보리菩提(깨달음)를 이룰 때까지 악도에

떨어지지 아니하리라.

若復有人為於亡者稱其名字　至心誦呪滿七十七
遍　若彼亡人墮惡趣者　應時卽得離惡道苦生天受
樂　或稱彼名依法書寫此陀羅尼　置佛塔中如法供
養　亦令亡者得離惡趣生於天上　或復得生兜率天
宮　乃至菩提不墮惡道

만일 선남자, 선여인이 이 불탑을 오른쪽으로 돌거나 예배하거나 공양하면 마땅히 수기授記[7]를 받고 아누다라삼먁삼보리에서 물러나지 아니하고, 모든 업장과 온갖 죄업이 전부 사라질 것이며

---

7) 부처님이 수행자들에게 미래에 성불할 것이라고 예언하는 것. 아득한 과거세에 연등불然燈佛이 세존께 한 예언, 세존이 미륵에게 미륵불이 될 것이라고 한 예언, 《무량수경》에서 세자재왕불이 법장에게 아미타불이 될 것이라고 한 예언, 《법화경》에서 세존이 성문들에게 한 예언 등이 있다.

나는 새나 축생들까지도 이 탑의 그림자에 들어가면 축생의 갈래를 영원히 여읠 것이고, 오무간죄五無間罪[8])를 지었더라도 탑 그림자 속에 들어가거나 탑에 몸이 닿기만 해도 모든 죄업이 소멸되느니라.

若有善男子善女人　於此佛塔或右遶或禮拜或供養者　當得授記於阿耨多羅三藐三菩提而不退轉一切宿障一切罪業悉皆消滅　不至飛鳥畜生之類至此塔影當得永離畜生惡趣　若有五無間罪或在塔影　或觸彼塔皆得除滅

---

8) 오역죄五逆罪 : ① 아버지를 살해 ② 어머니를 살해 ③ 아라한(성인)을 해침 ④ 승단을 헐뜯고 훼방함 ⑤ 부처님의 몸에 피를 냄.

탑이 있는 곳에는 모든 요괴나 도깨비나 야차夜叉, 나찰羅刹, 부단나富單那, 비사사毘舍闍 따위와 악한 짐승, 악한 용, 독충, 독한 풀이 없으며 괴물, 악귀들, 요정들이 없고 전쟁, 화재, 홍수, 서리, 우박, 흉년, 비명에 죽음, 무서운 꿈 등 불길한 고통이 없으리라.

置塔之處無諸邪魅夜叉羅刹 富單那毘舍闍等 惡獸惡龍毒虫毒草 亦無魍魎諸惡鬼神奪精氣者 亦無刀兵水火霜雹饑饉 橫死惡夢不祥苦惱之事

그 나라에 나쁜 징조가 나타날 적에는 그 탑에서 변화가 생기

며 큰 불꽃이 나와서 모든 불상
사를 소멸시키며, 만일 악심을
품은 중생이나 원수나 원수의
동료나 강도나 도적들이 그 나
라를 무너지게 할 적에는 탑에
서 큰 불빛이 나오며 군대가 나
타나서 도적 무리들이 스스로
물러가게 하고,

於彼國土若有諸惡先相現時　其塔卽便現於神變
出大光焰　令彼諸惡不祥之事無不殄滅　若復於彼
有惡心衆生　或是怨讎及怨伴侶幷諸劫盜寇賊等
類欲壞此國　其塔亦便出大火光　卽於其處現諸兵
仗　惡賊見已自然退散

항상 모든 하늘 신장들이 그 나라를 수호하며, 그 나라의 사방으로 백 유순由旬[9] 안이 결합 되어 그 가운데 있는 남자나 여인이나 짐승들까지 괴질이나 역병이나 싸우는 일이 없어지고, 법에 어기는 일을 하지 아니하며, 다른 주문들도 이것을 파괴하지 못하리니, 이것을 근본 다라니 법이라 하느니라. 착한 남자여, 이제 그대를 위하여 상륜당 안에 넣는 다라니 법을 말하리라.

---

9) 고대 인도에서 사용된 길이 단위로, 1유순은 왕이 하루에 행군하는 길의 길이로, 9.6km 혹은 12km이다.

常有一切諸天善神守護其國　於國四周各百由旬結
成大界　　其中男女乃至畜生　　無諸疫癘疾苦鬪諍
不作一切非法之事　其餘呪術所不能壞　是名根本
陀羅尼法　善男子今為汝說相輪橖中陀羅尼法　即
說呪曰

[상륜당중다라니相輪橖中陀羅尼]

옴 싸르와 따타가따 위 뿔라 졔쉬
타 마니 까나까 라자따 위 부쉬따
다르마
짜끄라 안까 싸만따 아와바쎄　싸
라 싸라　　싸르와 쁘라띠위슈이쉬
따 부리
쌈 빤네　　쁘라 와라　　졔쉬타 락
쉬미 마니 드와제 루찌라 말라 위

부쉬떼

훔 훔 쓰와하

선남자여, 여법히 이 주문을 99번 써서 상륜당에 두루 안치하고, 또 이 주문의 공덕을 써서 상륜당 속에 비밀하게 넣어 두라. 그렇게 하면 곧 9만 9천의 상륜당을 세우는 것이 되며, 9만 9천의 부처님 사리를 모시는 것이 되며, 9만 9천의 부처님 사리탑을 조성하는 것이 되며, 9만 9천의 보리도량에 탑을 조

성함이 되느니라.

善男子應當如法　書寫此呪九十九本　於相輪樔四
周安置　又寫此呪及功能法　於樔中心密覆安處
如是作已　則為建立九萬九千相輪樔已　亦為安置
九萬九千佛舍利已　亦為已造九萬九千佛舍利塔
亦為已造九萬九千八大寶塔　亦為已造九萬九千
菩提場塔

진흙으로 작은 탑을 만들어 그 안에 이 다라니를 모시면 이것은 곧 9만 9천의 작은 보탑을 만드는 것과 같느니라. 만일 어떤 중생이 이 탑을 오른쪽으로 한 번 돌거나 절을 올리거나 합장하거나 꽃 한 송이, 향 한 개,

사루는 향, 바르는 향, 풍경, 깃
발, 일산 등으로 공양하면 9만9
천의 부처님 탑에 공양함과 같
아서 광대한 선근 복덕을 성취
하리라.

若造一小泥塔　於中安置此陀羅尼者　則爲已造九
萬九千諸小寶塔　若有衆生右遶此塔　或禮一拜或
一合掌　或以一花或以一香　燒香塗香鈴鐸幡蓋而
供養者　則爲供養九萬九千諸佛塔已　是則成就廣
大善根福德之聚

만일 나는 새나 모기나 등에나
파리 따위가 탑 그림자 속에 들
어오면 수기를 받아 무상정등각

無上正等正覺에서 물러나지 않을 것이며 먼 데서 이 탑을 바라보거나 탑의 풍경風鏡 소리를 듣거나 그 이름만 듣더라도 그 사람이 지은 오무간죄[五逆罪]와 일체 죄업이 모두 소멸되고 모든 부처님의 호념護念하심을 받아 여래의 청정한 도를 얻으리니, 이것을 상륜 다라니 법이라 하느니라. 선남자여, 이제 그대에게 불탑을 수리하는 다라니 법을 말하리라.

若有飛鳥蚊虻蠅等至塔影中　當得授記於阿耨多

羅三藐三菩提而不退轉　若遙見此塔或聞鈴聲或
聞其名　彼人所有五無間業　一切罪障皆得消滅
常為一切諸佛護念　得於如來清淨之道　是名相
輪陀羅尼法　善男子今為汝說修造佛塔陀羅尼法
即說呪曰

[불탑을 수리하는 다라니(修造佛塔陀羅尼)]
옴 싸르와 다타가따 짜이뜨야 위
슌데 간다 꾸띠 빰슈 와레 쁘라띠
쌈스까레
다타가따 다뚜 와라 쁘라와라 다
레 쓰파라 쓰파라 싸르와 다타가
따 아디쉬티떼 쓰와하

만일 비구 비구니 우바새 우바

이들이 스스로 탑을 조성하거나 남을 가르쳐 만들거나 탑塔을 고치거나 흙으로 만들거나 벽돌로 만들거나 할 적에는 먼저 주문을 1천 8번 외운 뒤에 탑을 조성할 것이며 크기는 혹 손톱만하게, 혹 한 자쯤 되게, 혹 한 유순 쯤 되게 조성하면 이 주문의 힘과 마음으로 인하여 그 만든 탑에서 묘한 향기가 나올 것이니 이른바 우두전단 향기, 적전단 향기, 백전단 향기, 용연향, 사향, 울금향 등의 향기와

천상의 향기들이니라.

若有比丘比丘尼優婆塞優婆夷　若自造塔若敎人
造　若修故塔若作小塔　或以泥作或用甎石　應先
呪滿一千八遍然後造作　其塔分量或如爪甲　或
長一肘乃至由旬　以其呪力及至心故　於泥等塔
中出妙香氣　所謂牛頭栴檀赤白栴檀　龍麝香欝
金香等及天香氣

스스로 조성하거나 가르쳐 조성
하거나 다 같이 광대한 선근 복
덕을 성취할 것이며 명이 짧은
이는 장수하게 되고, 후에 임종
때에는 99억 백천 나유타那由他
부처님을 뵈옵고 항상 일체 부
처님에게 기억되어 수기를 받고

극락세계에 나서 수명이 99억 백천 나유타 세가 될 것이요, 항상 숙명통과 천안天眼과 하늘몸[天身]과 하늘귀[天耳]와 하늘코[天鼻]를 얻으며 천상의 전단향기가 몸에서 풍기고 입에서는 우바라꽃 향기가 나며 다섯 신통을 얻고 아누다라삼먁삼보리[無上正等正覺]에서 물러나지 아니하리라.

自作教人皆得成就廣大善根福德之聚　命若短促便得延壽　後臨終時得見九十九億百千那由他佛常為一切諸佛憶念　而與授記生極樂界　壽命九十九億百千那由他歲　常得宿命天眼天身天耳天鼻天栴檀香從其身出　口中常出優鉢羅花香　得五神通於阿耨多羅三藐三菩提得不退轉

만일 주문을 외워 넣은 향가루 반죽을 겨자씨 만큼이라도 그 탑에 바르면 그 사람도 위에서 말한 것과 같은 큰 복덕을 얻으리라. 만일 비구 비구니 우바새 우바이들이 다라니를 여법히 써서 청정한 마음으로 존중하고 공양하기를 부처님과 다르지 않게 하며 주문을 쓰는 사람에게도 앞서서 말한 대로 공양하고, 주문을 써서 탑 속에 넣거나 중수한 탑에나 상륜당 속에 넣어서 여법히 회향하면 이 사람은

광대한 선근 복덕을 얻으리라.

若呪香泥下至極少　如芥子許塗此塔上　彼人亦得
如上所說大福德聚若比丘比丘尼優婆塞優婆夷　如
法書寫陀羅尼法　以淸淨心尊重供養如佛無異　於
書寫人亦增上供養　如前所說書呪印已　置於塔中
及所修塔內并相輪樘中如法成就　　是人當得廣大
善根福德之聚

부처님께서 이 다라니 인법印法
을 말씀할 때에 시방세계의 모
든 부처님이 같은 소리로 칭찬
하시었다.

"잘하시나이다! 석가모니 여래如
來 응공應供(공양 받아 마땅한 분) 정등각
正等覺이시여. 이 다라니 인법을

말씀하시어 일체 중생으로 하여
금 한 사람도 빠지지 않고 큰
이익을 얻게 하시며 큰 복덕을
받게 하시며 아누다라삼먁삼보
리에서 물러나지 않게 하시나이
다.”

佛說此陀羅尼印法時 十方一切諸佛如來同聲讚言
善哉善哉釋迦牟尼如來應正等覺 乃能善說此大陀
羅尼印法 令一切眾生皆無空過 獲大利益攝大福
聚 乃至於阿耨多羅三藐三菩提得不退轉

그때 대중 가운데 있던 하늘과
용과 팔부신중과 여러 보살과
집금강주와 사천왕과 제석천왕

과 범천왕과 나라연과 마혜수라
와 마니발타라와 보나발타와 발
라신과 야마신과 바루마신과 구
벽라라신과 파삽파신과 모든 신
선들이 이 법을 듣고는 싫어서
떠나려는 생각이 조복되고 부드
러워져서 매우 즐거워하면서 큰
소리로 서로 말하였다.

爾時衆中天龍八部　及諸菩薩執金剛主　四王帝釋梵
天王　那羅延摩醯首羅　摩尼跋陀羅補那跋陀　及跋
羅神夜摩神婆樓摩神　俱躃羅神婆颯婆神諸仙衆等
聞此法已起厭離心　調伏柔軟生大歡喜　以大音聲互
相謂言

"희유한 일입니다! 부처님 여래시여. 희유한 일입니다! 진정眞正 묘妙한 법이여! 희유한 일입니다! 이 다라니 인법이여. 여래의 말씀은 매우 만나기 어렵나이다."

希有希有諸佛如來　希有希有眞正妙法　希有希有
此陀羅尼印法　如來所說甚難值遇

이때 겁비라전다劫比羅戰茶 바라문은 이 공덕이 크고 수승한 큰 다라니 법인을 듣고 법의 성품을 밝게 깨달았으며, 마음에 먼지와 때를 멀리 떠나 번뇌를 끊고 죄업을 소멸하고, 수명이 연장되어 뛸듯이 기뻐하며 일체중생 또한 모두 다 마음이 깨끗하여지게 하였다.

是時劫比羅戰茶大婆羅門　聞此大功德殊勝利益大陀羅尼法印　即得明達法性遠塵離垢　斷諸煩惱滅諸罪障壽命延長生　大歡喜踊躍無量　令一切衆生亦皆當得心意淸淨

이때 제개장보살 마하살이 한 보배로 된 좌대를 가졌으니, 여러가지 보배로 사이사이 장엄하였고 이는 부처님의 장엄으로

장엄한 것이다. 법을 사랑하고
좋아하는 마음으로 여래를 공양
하고 오른쪽으로 세 번 돌고 부
처님 발까지 머리를 숙여 예를
올리고 여쭈었다.

爾時除蓋障菩薩摩訶薩 持一寶臺種種衆寶間錯莊
嚴 以佛莊嚴而莊嚴之 愛樂法故供養如來 右遶
三匝頂禮佛足

"세존이시여, 이 큰 다라니 단
량법인壇場法印은 만나기 어려운
것이거늘, 세존께서 일체 중생
들의 법장을 말씀하시어서 남섬
부주에 머물러주시니 중생들로

하여금 착한 뿌리를 심게 하심
이며, 수명을 보시하심이며, 번
뇌를 소멸케 하심이옵니다. 저
도 이제 중생들로 하여금 선근
을 심고 모든 부처님께 공양을
하고자, 부처님 앞에서 제 마음
의 인다라니법印陀羅尼法 주문을 말
하니 곧 이렇습니다.

而白佛言世尊此大陀羅尼壇場法印甚難值遇　　世
尊說此一切衆生妙法庫藏鎭閻浮提　令諸衆生種大
善根　施其壽命消滅煩惱　我今亦當爲令衆生種善
根故　供養一切諸如來故　今於佛前說自心印陀羅
尼法　卽說呪曰

[제개장보살다라니除蓋障菩薩陀羅尼]

나모 바가와떼 나와 나와띠남 쌈
약 쌈붇다 꼬띠 니 유따 샤따 사
하스라남

나마 싸르와 니와라나 위쉬깜비네
보디싸뜨와야 옴 두루 두루 싸르
와 아와라나

위 쇼다네 싸르와 따타가따 아누
바와 빨라네

위 뿔라 위 말레 싸르와 씯다 나
마스 끄리떼 바라 바라 싸르와 싸
뜨와 아누

그라하 훔 훔 싸르와 니와라나 위
쉬깜비니 싸르와 빠빠 위 쇼다네

쓰와하

세존이시여, 이 다라니는 99억 모든 부처님들이 말씀하신 것이오니 지극한 마음으로 잠깐이라도 외우면 일체 죄업이 모두 없어지나이다. 만일 법대로 이 주문 99본을 써서 탑 속에 넣거나 탑의 네 귀에 두거나 이 탑에 예배하고 찬탄하며 혹 향과 꽃과 바르는 향과 등불을 밝혀 공양하면, 이런 사람들은 현생 중에 모든 죄를 멸하고 모든 업장을 녹이고 일체 소원이 만족 될 것이니, 이것은 곧 99억 백천 나유타 항하사 여래께 공양 하는 것이며 99억 백천 나유타 항하사 사리탑에 공양하는 것이 니, 크나큰 선근 복덕을 성취하 리이다.

世尊此陀羅尼是九十九億諸佛所說　若有至心暫念 誦者　一切罪業悉皆消滅　若有依法書寫此呪　滿九 十九本置於塔中或塔四周　有人禮拜及以讚歎　或以 香花塗香燈燭供養此塔　彼善男女於現生中　滅一切 罪除一切障滿一切願　則爲供養九十九億百千那由 他恒河沙等諸如來已　亦爲供養九十九億百千那由 他恒河沙等舍利塔已　是則成就廣大善根福德之聚

만일 비구가 초 8일이나 13일에나 14일에나 15일에 목욕하고 정성 드리고 새 옷 입고, 하루 낮 하루 밤을 먹지 아니하거나 혹은 세 가지 흰 밥만 먹고, 부처님 탑을 오른쪽으로 돌면서 이 다라니 108번을 외우면 백천겁 죄업과 오무간죄가 소멸될 것이오니, 제가 몸을 나타내어 그의 소원을 만족케 하겠사오며 모든 부처님 여래를 뵈옵게 하겠나이다.

若有比丘於月八日十三日 十四日十五日 洗浴護

淨著鮮潔衣　於一日一夜而不飮食　或時唯食三種
白食　右繞佛塔誦此陀羅尼滿一百八遍　百千劫罪
及五無間皆得除滅　我除蓋障卽為現身　令其所願
皆悉滿足　得見一切諸佛如來

만일 208번을 외우면 여러 가지 선정(禪 · Dhyana)을 얻고, 308번을 외우면 일체 업장을 깨끗이 하는 삼매(定 · Samadhi)를 얻고, 408번을 외우면 사대천왕이 언제나 가까이서 현세의 몸을 호위하며 그의 몸과 마음에 가피를 주어 위엄과 공덕(威德)이 늘게 되고, 508번을 외우면 헤아릴 수 없는 아승지의 모든 선근을 얻고, 608번을 외우면 이 주문의 근본법을 얻어 주문을 지니는 신선이 되고, 708번을 채우면 큰 위덕을 얻어 밝음을 갖추고, 808번을 외우면 마음이 맑아지고, 908번을 외면 다섯 감관(五根)이 맑아지고, 1천 8번을 채우면 수다원과[入流]를 얻고,

若有誦滿二百八遍得諸禪定 若有誦滿三百八遍 得淨一切障三昧 若有誦滿四百八遍 得四大天王常來親近現身衛護 加其身心增大威德 若有誦滿五百八遍 攝得無量阿僧祇不可量諸大善根 若有誦滿六百八遍 便得此呪根本法成就 爲持呪天仙 若有誦滿七百八遍 得大威德具足光明 若有誦滿八百八遍得

心淸淨　若有誦滿九百八遍得五根淸淨　若有誦滿
一千八遍　當得須陀洹果

2천 번을 외우면 사다함과[一來]를 얻고, 3천 번을 외우면 아나함과[不來]를 얻고, 4천 번을 외우면 아라한과[無生]를 얻고, 5천 번을 채우면 벽지불과[緣覺]를 얻고, 6천 번을 채우면 보현普賢의 지위를 얻고, 7천 번을 채우면 초지보살[歡喜地]10)의 지위를 얻고, 8

---

10) 선근을 깊이 심고, 자비심을 내고, 열 가지 서원을 일으키고, 보시를 행하여 기쁨이 넘치는 초지보살의 수행경지이다. 열 가지 서원은 모든 부처님께 공양하고, 부처님의 가르침을 지키고, 설법을 청하고, 모든 바라밀을 닦고, 중생을 교화하고, 세계를 잘 분별하고, 불국토를 청정하게 하고, 항상 보살행을 떠나지 않고, 보살행을 닦아 남에게 이익을 주고, 아뇩다라삼먁삼보리를 이루겠다는 것이다.

천 번을 채우면 제5지[隨分覺]11)를 얻고, 9천 번을 채우면 보문普門 다라니를 얻고, 1만 번을 채우면 부동지不動地12)를 얻고, 1만 1천 번을 채우면 여래지如來地를 얻어서 부처의 상을 이루어 크게 사자후師子吼 할 것이니라.

若誦滿二千遍當得斯陀含果 若誦滿三千遍當得阿那含果 若誦滿四千遍當得阿羅漢果 若誦滿五千遍當得辟支佛果 若誦滿六千遍當得普賢地 若誦滿七千遍當得初地 若滿八千遍當得第五地 若滿

---

11) 《대승기신론》 등 대승불교의 여래장사상 계열에서는 진여의 무분별지 또는 자성청정심自性淸淨心을 본질의 입장에서 본각本覺이라 하고, 증득의 입장에서 범부가 최초로 증득하는 무루혜를 상사각相似覺이라 하고, 성인이 지관止觀수행을 통해 증득하는 중간의 갖가지 무루혜를 수분각隨分覺이라 하고, 성인이 근본무명을 끊고 진여를 완전히 깨쳐 본각이 완전히 드러나는 것을 구경각究竟覺이라 한다.
12) 8지보살이 불생불멸의 진리를 확실하게 인정하고 거기에 안주하여 마음을 움직이지 않는 무생법인을 성취하는 경지이다.

九千遍當得普門陀羅尼　若滿十千遍當得不動地
若復滿十一千遍當得如來地　成大人相大師子吼

만일 어떤 사람이 이생에서 공덕과 큰 이익을 성취하려거든 낡은 탑을 중수하고 오른쪽으로 돌면서 이 주문 108번을 외우면 소원[願]하는 일이 모두 원만히 성취되리이다.

若復有人欲於現生　成就功德大利益者　應修故塔
誦呪右遶滿百八遍　心中所願無不成滿

이때 석가모니 부처님께서 제개장보살을 칭찬하시었다.

"훌륭하고 훌륭하구나! 선남자
여! 그대가 이렇게 여래가 말씀
한 주문 법[呪法]을 따라서 연설
하는구나."

時釋迦牟尼佛讚除蓋障言 善哉善哉善男子 汝能
如是隨順如來所演呪法而助宣說

이때에 집금강 대야주차가 부처
님께 여쭈었다.
"세존이시여, 주문의 왕인 이
다라니법은 여래장如來藏13)과 같사

---

13) 여래장은 중생의 번뇌 중에 있지만 그 번뇌에 더럽혀지지 않으며, 본래부
터 절대 청정하여 영원히 변함없는 깨달음의 본성이다. 여래장사상은 반야
경의 공관空觀에 입각하면서도 여래의 지혜는 보편성을 지니고 작용한다고
설하는 〈화엄경〉의 주장이나, 삼계의 중생이 모두 부처의 자식이라고 보는
〈법화경〉의 일승사상 등을 계승하여 "일체 중생은 여래를 태에 간직하고
있다"고 선언한 데서 출발한다. 결국 여래장은 구체적으로 중생의 자성청정

오며 부처님 탑과도 같나이다.
세존께서 이 훌륭한 법을 인간
세계에 머물러 두어 일체 중생
으로 하여금 해탈을 얻게 하오
며, 이 다음 세상에서 불사佛事를
하게 하시나이다.

時執金剛大夜叉主　白佛言世尊　此大呪王陀羅尼
法　　同如來藏亦如佛塔　　世尊以此勝法鎭閻浮提
令一切衆生皆得解脫　能於後時作大佛事

부처님께서 말씀하시었다.
"집금강주여, 이 큰 주문 법이
세상에 있으면 여래도 같이 있

심을 가리키고, 그것이 중생에게 보리심菩提心을 일으켜 수행을 통해 깨달
음을 얻게 하는 원동력이 된다.

는 것이니, 부처가 있는 곳에 일을 능히 하는 연고이니라. 이 주문이 조금만 작용해도 큰 복덕이 되거든, 하물며 많은 공을 들여 생기는 선근은 백천억 나유타 항하사 모든 부처가 설해도 다할 수 없으며, 부처의 눈으로 보는 것이라 어디 비유할 수도 없으며 헤아릴 수도 없고 말로 할 수도 없느니라. 집금강주가 여쭈었다. 무슨 인연으로 조그마한 공력이 작용했는데도 큰 복을 거두게 되나이까?

佛言執金剛主　此大呪法若在世時同如來在　以其
能作佛所作事　少有所作成大福聚　多功用所獲善
根　假使百千億那由他恒河沙諸佛說不能盡　佛眼
所見不可為喻　不可量不可說　執金剛主言　以何
因緣少用功力成大福聚

부처님이 말씀하시었다.
"그대에게 말하리니 자세히 들
으라. 만일 비구나 비구니 우바
새 우바이들이 큰 공덕을 원만
히 얻으려거든, 앞서 말한 네
가지 큰 다라니를 각각 99번을
쓴 뒤에, 불탑 앞에 사각 단을
만들되, 소똥으로 땅에 맥질하

고 단의 네 귀에는 향수를 가득
담은 병과 향로를 벌여 놓고,
공양할 발우는 향과 꽃, 물, 쌀
을 단 위에 두며,

佛言諦聽當為汝說　　若比丘比丘尼優婆塞優婆夷
欲得滿足大功德聚　當依前法書寫此四大陀羅尼呪
法之王各九十九本　然後於佛塔前　造一方壇牛糞
塗地　於壇四角置香水滿瓶　香鑪布列以供養　鉢
(盛香花水粳米)置於壇上

세 가지 음식(검은 깨, 녹두, 멥쌀을 익
힌 것)과 세 가지 흰 음식을 각각
항아리에 담아 단상에 놓고, 99
종류의 과일과 네 가지 음식과

여러 가지 향과 꽃을 그 위에 놓고, 다라니 주문을 상륜당 가운데 안치하거나 탑의 사방에 두고, 이 왕법[呪王法]을 탑 속에 넣고, 시방의 부처님을 생각하면서 지성으로 이 다라니를 외울 것이니라.

及三昧食(烏麻菉豆粳米和煮)并三白食　各置瓶中布於壇上　種種果子數滿九十九　并四種食一切所須　及諸香花皆置其上　以陀羅尼呪置相輪樘中及塔四周　以呪王法置於塔內　想十方佛至心誦念此陀羅尼　即說呪曰

[제불가지상륜당중급탑사주다라니]
諸佛加持相輪樘中及塔四周陀羅尼

나모 나와 나와띠남 따타가따 꼬띠남 강가 나디 왈구까 싸마남 옴 위 뿔라 위 말레

쁘라 와라 지나 발레 싸라 싸라 싸르와 따타가따 다뚜 구하 샤야 아 야따 부와나

아디쉬티떼 쓰와하 싸르와 데와남 아와 나마띠 붇다 싸마야 아디쉬타네 쓰와하

향을 사루며 이 다라니를 28번을 외우면, 즉시 8대 보살과 8대 야차왕과 집금강 야차주와

사천왕과 제석천왕과 범천왕과 나라연 마혜수라들이 각자 손으로 그 탑과 상륜당을 호지[共持]할 것이며, 또 99억 백천 나유타 항하사 부처님들이 와서 탑을 가지加持14)하고 부처님 사리를 모실 것이니 그 탑이 큰 마니보배와 같이 되리라.

應燒香相續誦此陀羅尼呪二十八遍　即時八大菩薩八大夜叉王　執金剛夜叉主　四王帝釋梵天王那羅延摩醯首羅　各以自手共持彼塔及相輪樑　亦有九十九億百千那由他恒河沙諸佛　皆至此處加持彼塔　安佛舍利由加持故　令塔猶如大摩尼寶

---

14) ① 부처님의 대자대비한 힘으로 부처와 일체가 되는 경지에 이르다. ② 부처님의 가호를 받아 병이나 재난, 부정 따위를 면하려고 기도하다.

그래서 이 사람은 99억 백천 나유타 보배탑을 조성함과 같으므로 광대한 선근을 얻고 수명이 장수하여 몸에 때가 없고 모든 병이 소멸되고 재난이 사라지느니라.

是人由此則爲已造九十九億百千那由他諸大寶塔 由此當得廣大善根　壽命延長身淨無垢　衆病悉除 災障殄滅

만일 이 탑을 보는 이는 오역죄가 소멸되고, 탑의 방울소리만 들어도 일체 악업이 사라지고 몸을 벗고 나면 극락에 왕생하며, 이 탑의 이름을 들은 이는 성불은 물론 보살위에서 타락하지 않는 지위에 이르고, 새나 짐승들이라도 이 소리를 들으면 축생에서 벗어나 다시 짐승의 몸을 받지 아니하며 광대한 복덕을 얻게 되리라.

若見此塔者滅五逆罪　聞塔鈴聲消諸一切惡業　捨身當生極樂世界　若有傳聞此塔名者當得阿鞞跋致　下至鳥獸得聞其聲　離畜生趣永不復受　當得廣大福德之聚

만일 육바라밀六波羅蜜15)을 얻으려

거든 네모 단을 만들되 먼저 소
똥을 땅에 바르고 다음에 깨끗
한 흙을 위에 펴고 향을 달인
물을 뿌려서 깨끗하고 매끄럽게
닦아, 다섯 가지 공양 발우는
단 위에 놓고, 앞에 네 가지 다
라니를 각각 99번 쓰고, 작은
탑 99개를 손수 만들어 그 안
에 주문 한 벌씩 넣으며, 상륜
다라니는 작은 탑과 상륜당 속
에 넣어서 단 위에 벌여 놓고

---

15) 생사의 고해를 건너 이상경인 열반의 세계에 이르는 대승 보살의 실천수
행법인 육바라밀은 보시布施 · 지계持戒 · 인욕忍辱 · 정진精進 · 선정禪定 ·
반야바라밀般若波羅蜜 등의 여섯 가지로 구성되어 있다.

여러 가지 향과 꽃으로 공양하
고 일곱 번 단을 돌면서 이 다
라니를 외우라.

若復有人欲得滿足六波羅蜜者　當作方壇先以牛糞
塗　後以淨土而覆其上　灑以香湯滑淨塗拭　五供養
鉢□置於壇上　寫前四種陀羅尼呪各九十九本　手作
小塔滿九十九　於此塔中各置一本　其相輪呪還置小
塔相輪^樴中　行列壇上以諸香花供養旋^遶七遍　誦
此陀羅尼曰

[요탑다라니遶塔陀羅尼]
나모 나와나와띠남 다타가따 강가
나디 왈구까 꼬띠 니유따 샤따 싸
하쓰라남
옴 부르부리 짜리니 짜리 짜라나

- 77 -

찌레 무니 무니슈레쉬타 알람까레 쓰와하

이 법에 의지하면 육바라밀이 모두 성취되리니 이는 99억백천 나유타 항하사의 칠보탑을 쌓는 것과 같으며, 구십구억 백천 나유타 여래 응공 정등각에게 공양하되 여러 천상의 공양거리와 가지가지로 장엄한 하늘 궁전과 천상의 공양거리로 공양함이 되느니라. 저 모든 여래가 전부 이 선남자와 선여인을 기억하고

생각해서 그들로 하여금 크나
큰 선근善根과 많고 많은 복福과
덕德을 갖게 하느니라.

若依此法而受持者　六波羅蜜悉皆成滿　是則同造
九十九億百千那由他恒河沙等七寶塔已　是則供養
九十九億百千那由他如來應正等覺　皆以諸天大供
養雲　種種莊嚴諸天宮殿　諸天供具而爲供養　彼
諸如來皆悉憶念此善男女　令其當得廣大善根福德
之聚

어떤 이가 이 주문을 여법히 쓰
고 받아 지니고 읽고 외고 공경
하며 몸에 차[佩]면, 주문의 위력
이 이 사람을 옹호하여 여러 원
수와 원수의 무리들과 모든 야

차귀와 나찰과 부단나富單那들이
이 사람을 악하도록 하지 못하
며 공포심은 뿔뿔이 흩어지고
이 사람의 말을 듣거나 그 그림
자 안에 들어가거나 그 몸에 닿
으면 오무간 죄업이 소멸되고
전생에 지은 일체 죄업이 모두
소멸되고, 여러 가지 독毒한 것
이 해롭게 하지 못하며, 불은
태우지 못하고 물은 뜨게 하지
못하고 남이 잘못되기를 비는
사악한 요괴가 기회를 얻지 못
하며, 뇌성과 벼락이 시끄럽게

하지 못하느니라.

若有於此呪王　如法書寫受持讀誦　供養恭敬佩於
身上　以呪威力擁護是人　令諸怨家及怨朋黨　一
切夜叉羅刹富單那等　皆於此人不能為惡　各懷恐
怖逃散諸方　若有得共彼人語者　亦得除滅五無間
業　若有得聞此人語聲　或在其影或觸其身　令彼
一切宿障重罪皆得消除　所有諸毒不能為害　火不
能燒水不能漂　厭禱邪魅不得其便　雷電霹靂無能
驚嬈

항상 여러 부처의 가피를 입으
며 일체 여래께서 마음을 편안
케하고 보살피시며 천인과 선신
들이 그 힘을 증장시키므로 다
른 주술들을 능히 제압하느니

라.

그러므로 모든 곳에서 이 주문을 구하여 쓰고는 길가의 탑 속에 넣어, 오고 가는 중생들과 새와 짐승과 나비, 파리, 개미들까지 모두 일체 지옥이나 여러 가지 악도를 영원히 여의고 천궁에 태어나서 항상 숙명통에 이르러 퇴전하지 않느니라.

常爲諸佛而共加持　一切如來安慰護念　諸天善神
增其勢力　非餘呪術之所能制　是故應當於一切處
求此呪法　寫已置於當路塔中　令往來衆生　下至
鳥獸蛾蠅蟻子　皆得永離一切地獄　及諸惡道生諸
天宮　常憶宿命至不退轉

그때 부처님이 제개장보살과 집금강주와 사천왕과 제석천왕과 범천왕과 그 권속들과 나라연천과 마혜수바라들에게 말씀하시었다.

"착한 남자여, 내가 이 주문의 왕으로 그대에게 부촉하노니, 그대는 수호하고 옹호하며, 어깨에 메고 지고 좋은 상자에 담아서 이 다음 세상까지 끊어지지 말게 하며, 잘 유지하고 보호하여 오는 세상 중생들에게 전하여 주어, 그들이 보고 듣고 오무간 지옥을 여의게 하라."

爾時佛告除蓋障菩薩摩訶薩 執金剛主四王帝釋梵
天王等 及其眷屬那羅延天摩醯首羅等言 善男子
我以此呪法之王付囑汝等 應當守護住持擁護 以
肩荷擔寶篋盛之 於後時中莫令斷絶 應善執持應
善覆護 授與後世一切衆生 令得見聞離五無間

이때 제개장보살과 집금강주와 사천왕과 제석과 범천왕과 나라연천과 마혜수라와 하늘과 용과 팔부 신중들이 부처님 발에 예배하고 함께 여쭈었다.

"저희들이 세존의 가호를 입어 이 주문을 외우는 법과 탑을 조성하는 법을 받았사오니 모두 수호하고 머물러 지니고 읽고 외우며 쓰고 공양하겠사오며, 모든 중생을 보호하고 후세 중생들이 모두 듣고 알게 하여 지옥이나 나쁜 갈래에 떨어지지 않게 하겠나이다. 저희들은 여래의 넓고 큰 은혜를 갚기 위하여 함께 수호하고 널리 유통하며, 존중하고 공경하기를 부처님과 다름없이 하여 이 법이 무너져 사라지지 않게 하겠나이다."

是時除蓋障菩薩　執金剛主四王帝釋梵天王那羅延
天摩醯首羅及天龍八部等　咸禮佛足同聲白言　我
等已蒙世尊加護　授此呪法及造塔法　咸皆守衛住
持讀誦書寫供養　爲護一切諸衆生故　於後時分令
彼衆生悉得聞知　不墮地獄及諸惡趣　我等爲報如
來大恩　咸共守護令廣流通　尊重恭敬如佛無異
不令此法而有壞滅

부처님이 말씀하시었다. "훌륭하
고 훌륭하다! 그대가 능히 이
다라니 법을 굳세고 단단하게
지키고 보호하며 유지케 하는구
나!"
이에 모든 대중들이 부처님의
말씀을 듣고 기뻐하며 믿고 받

들어 행하였다.

佛言善哉善哉　汝等乃能堅固守護　住持如是陀羅
尼法　時諸大衆聞佛說已歡喜奉行

보협인다라니경

보협인다라니경

『보협인다라니경寶篋印陀羅尼經』은 772년 당唐 나라 때 인도 출신의 불공不空 화상이 한역하여 대장경에 편입시킨 것이다. 정식 서명은 『일체여래심비밀전신사리보협인다라니경一切如來心祕密全身舍利寶篋印陀羅尼經』이다. 일체여래一切如來의 전신사리全身舍利의 공덕을 적취한 다라니를 간행하여 불탑 속에 넣어 공양하면, 일체여래의 신력神力이 보호해 주고 죄를 소멸하게 하며 공덕을 쌓아 성불할 수 있음을 설하고 있다.

『보협인다라니경』을 간행하여 불탑에 봉안한 것은 중국 오월吳越의 국왕인 전홍숙錢弘俶이 인도 아육왕阿育王의 조탑사적造塔事蹟을 본떠서 금·동·철로 조그마한 탑을 8만4000개 주조하여 그 속에 넣어 안치한 데서 비롯한다. 전홍숙은 956년과 975년 두 차례에 걸쳐 실시하였다.

우리 나라에서 『보협인다라니경』을 간행하여 탑에 공양하는 불사는 오월의 영향을 받은 것으로 여겨지며, 그 체재가 비슷하다. 그러나 우리의 것은 오월판吳越版을 그대로 번각하여 수용한 것이 아니고, 새로 판서본版書本을 정서하고 교감하여 새긴 판본이다.

본서의 한글 경문은 동국역경원의 번역을 따랐으며, 독경하기 용이하게 일부를 수정하였으며, 주석을 첨부하였다.

일체여래심비밀전신사리보협인다라니경
一切如來心祕密全身舍利寶篋印陁羅尼經

이와 같이 나는 들었다.

어느 때 부처님께서 마가다국摩
伽陁國 무구원보광명지無垢園寶光明池
에서 대보살 대중과 대성문승과
천·용·야차·건달바·아수라·
가루라·긴나라·마후라가·인人
·비인非人 등의 무량 백천 대중
들에게 앞뒤로 빙 둘러 싸여 계

셨다.

一切如來心祕密全身舍利寶篋印陁羅尼經開府儀
同三司特進試鴻臚卿肅國公食邑三千戶賜紫贈司
空諡大鑑正號大廣智大興善寺三藏沙門　不空奉
詔譯如是我聞　一時　薄伽梵在摩伽陁國無垢園寶
光明池中　與大菩薩衆及大聲聞僧　天　龍　藥叉
健闥婆　阿蘇羅　迦樓羅緊那羅摩睺羅伽人非人等
無量百千衆俱　前後圍遶

그때 대중 가운데 무구묘광無垢妙
光이라는 한 큰 바라문이 있었
다.
그는 들은 것이 많고 매우 지혜
로워 사람들이 볼 때마다 즐거워
하였으며, 항상 10선善을 봉행하

고, 3보에 대하여 굳건한 믿음으
로 귀의하여 선심善心으로 은근하
게 존중하며, 지혜가 미세하고,
항상 모든 중생으로 하여금 좋은
이익과 상응케 하고 매우 부유하
여 자구資具가 원만하였다.

爾時 衆中有一大婆羅門 名無垢妙光 多聞聰慧
人所樂見 常奉十善 於三寶所 決定信向善心慇
重智慧微細常欲令一切衆生 相應善利 大富豐饒
資具圓滿

그때 저 바라문 무구묘광이 자
리에서 일어나서 부처님께 나아
가 부처님 주위를 일곱 번 돌고

뭇 향과 꽃을 세존께 받들어 올리고 값을 매길 수 없는 묘한 옷·영락·구슬 목걸이를 가져다가 부처님께 걸어드리고 양 발에 머리 숙여 절하고 물러나서 한쪽에 머무른 채 청을 드렸다.

"오직 원하건대 세존과 모든 대중께서 내일 아침에 저의 집에 오셔서 저의 공양을 받으시기 바랍니다."

그때 세존께서 묵연히 허락하셨다.

時 彼婆羅門無垢妙光從座而起 往詣佛所 遶佛
七帀 以衆香花奉獻世尊 無價妙衣 瓔珞 珠鬘持
覆佛上 頂禮雙足 卻住一面 作是請言 唯願世尊
與諸大衆 明日晨朝 至我宅中 受我供養 爾時
世尊默然許之

그러자 바라문이 부처님께서 청
을 받아들이신 줄을 알고 급히
돌아갔다.
그리고 밤 동안에 찬과 백 가지
맛난 음식을 준비하고 집도 갖
가지로 장엄하였다. 다음 날 아
침이 되자 자기와 모든 권속이
많은 향과 꽃과 모든 악기를 들

고서 여래께 가서 말씀드렸다.
"지금이 바로 그때이오니 원하
건대 허락하소서."

그때 세존께서 저 바라문 무구
묘광을 위로하며 대중을 돌아보
시고 말씀하셨다.
"그대들은 모두 저 바라문의 집
에 가야 하니 그로 하여금 큰
이익을 얻게 해 주고자 하기 위
한 까닭이니라."

時 婆羅門知佛受請 遶還所住 即於是夜 廣辦餚
膳 百味飲食 張施殿宇 種種莊嚴 至明旦已 與
諸眷屬 持衆香花及諸伎樂 至如來所 白言 時至

願赴我請　今正是時　願垂聽許　爾時　世尊安慰彼
婆羅門無垢妙光已　顧視大衆　告言　汝等皆應往
彼婆羅門家　爲欲令彼獲大利故

그때 세존께서 자리에서 일어나셨다. 자리에서 일어나자마자 부처님은 몸에서 갖가지 광명을 유출하셨다. 사이사이에 꾸며진 묘한 색이 비추어 시방에 닿아 모든 여래를 깨우셨다. 모든 여래께서 깨어나시자 그 뒤에 길을 떠나셨다.

때에 바라문이 묘한 향기로운 꽃을 들고 모든 권속과 천룡팔

부와 제석천·범천·호세사왕천
과 함께 먼저 가서 길을 치우고
여래를 인도해 드리고 있었다.

於時 世尊卽從座起 纔起座已 從佛身出種種光
明 間錯妙色 照觸十方 悉皆警覺 一切如來旣警
覺已 然後取道 時 婆羅門以恭敬心 持妙香花
與諸眷屬及天 龍八部釋梵護世 先行治道 奉引
如來

그때 세존께서 가시는 앞 길 멀
지 않은 중간쯤에 있는 풍재豐財
라는 한 동산에 도착하셨다.
그 동산 안에는 오래되어 무너
져가는 형체를 알아볼 수 없는

탑이 있었는데, 부서지고 붕괴
되어 엎어져서 가시덤불에 묻혀
있고 여러 가지 나무와 풀이 무
성하여 그 돌 부스러기들을 가
려 주어 형상이 흙무더기 같았
다.

爾時 世尊前路不遠 中止一園名曰豐財 於彼園
中 有古朽塔 摧壞崩倒 荊棘所沒 榛草充遍 覆
諸礓礫 狀若土堆

그때 세존께서 탑 쪽으로 가셨
다.
그러자 썩은 탑 위에서 큰 광명
이 비추어 환하고 치성하더니,

흙무더기 속에서 소리를 내어 찬탄하였다.

"훌륭하십니다. 훌륭하십니다. 석가모니여래시여, 오늘 가시는 곳은 아주 훌륭한 경계境界입니다."

또 말하였다.

"그대 바라문아, 그대는 오늘 매우 훌륭한 이익을 얻을 것이다."

爾時 世尊徑往塔所 時 朽塔上放大光明 赫然熾盛 於土聚中 出善哉聲 讚言 善哉 善哉！釋迦牟尼如來今日所行極善境界 又言 汝婆羅門汝於今日 獲大善利

그때 세존께서 저 허물어진 탑에 예하시고 오른쪽으로 세 번 돌고 몸의 윗옷을 벗으셔서 그 위를 덮으시고는 눈물을 줄줄 흘리셨는데, 우시기를 끝내시고 미소하시더니, 이때를 당하여 시방의 모든 부처님께서 모두 같이 바라보시고는 함께 우시고 광명을 놓으시며 와서 이 탑을 비추었다.

爾時 世尊禮彼朽塔 右遶三帀 脫身上衣 用覆其上泫 然垂淚涕泗交流 泣已微笑 當爾之時 十方諸佛皆同觀視 亦皆泣淚 俱放光明來照是塔

그때 모여든 대중들이 모두 같

이 괴이하게 여기고 놀라서 걸음을 멈추었다.

그때 금강수보살도 함께 눈물을 흘리니 위엄 있는 불꽃이 치성하였고, 저杵를 들고 돌리면서 부처님께 나아가 아뢰었다.

"세존이시여, 이것은 무슨 인연으로 이런 광명의 모양을 나툽니까? 무엇 때문에 여래의 눈에서 눈물을 흘리시는 것이 이러합니까? 이러한 부처님의 크고 상서로운 광명이 이 앞에 나타납니까? 오직 원하건대 여래께

서 이 대중이 알도록 저의 의심
을 풀어 주소서.”

是時 大衆集會皆同怪異驚怖而住 爾時金剛手菩
薩亦皆流淚 威焰熾盛執杵旋轉 往詣佛所 白言
世尊 以何因緣現是光相 何故於如來眼流淚？如
是此是佛之大瑞光相現前 唯願如來 於此大衆解
釋我疑

그때 박가범께서 금강수에게 말
씀하셨다.
“이것은 위대한 전신全身사리 무
더기인 여래탑이다. 모든 여래
의 구지 수의 깨알처럼 많은 심
心다라니, 인법요印法要가 지금 그

속에 있다. 금강수야, 이 법요가
그 속에 있기 때문에 이 탑은
깨알처럼 많은 구지 수인 백천
여래의 몸이며, 깨알처럼 많은
백천 구지 수의 여래의 전신사
리 무더기이고 나아가서 8만4천
의 법온法蘊16)도 그 속에 있고,
99백천 구지 수 여래의 정상頂
相17)이 그 속에 있다. 이 탑은
모든 여래가 수기하신 것이니

---

16) 범어로 dharma-skandha. 부처님께서 설하신 교법을 가리킨다. 법장法
藏과 같은 뜻이다.
17) 범어로 uṣṇīṣa. 음역하여 올슬니사嗢瑟尼沙・오슬니사烏瑟尼沙・울슬니
사鬱瑟尼沙라고 하며, 의역하여 계髻・정계頂髻・육계상肉髻相・무견정상
無見頂相이라 한다. 부처님의 32상의 하나. 부처님의 정골頂骨은 자연히
융기하여 하나의 상투모양이 되므로 이 육계肉髻를 부르는 칭호이다.

만일 이 탑이 있는 곳이라면 대
공훈大功勳이 있어 대위덕을 구족
하고 모든 길경吉慶을 채울 것이
다."

時　薄伽梵告金剛手　此大全身舍利聚如來塔　一
切如來俱胝如胡麻心陁羅尼印法要　今在其中　金
剛手　有此法要在是中故　是塔卽爲如胡麻俱胝百
千如來之身　亦是如胡麻　百千俱胝如來全身　舍
利聚　乃至八萬四千法蘊　亦住其中　卽是九十九
百千俱胝如來頂相　在其中　是塔一切如來之所授
記　若是塔所在之處　有大功勳具大威德　能滿一
切吉慶

그때 대중들이 부처님의 이 말
씀을 듣고 진구塵垢와 (근본번뇌에 의

하여 파생된) **수번뇌隨煩惱를 다 털어 버리고 법안정法眼淨18)을 얻었다. 그 가운데서 수다원과須陁洹果를 얻은 사람, 사다함斯陁含과를 얻은 사람, 아나함阿那含과를 얻은 사람, 아라한과를 얻은 사람, 벽지불도僻支佛道를 얻은 사람, 보살 위에 들어간 사람, 아비발치阿鞞跋致19)를 얻은 사람, 혹 보리 수**

---

18) 교법을 듣고 능히 진리를 보는 것. 소승은 초과初果(수다원과)에서 사성제의 진리를 보며, 대승은 초지初地(보살)에서 무생법인無生法忍을 얻는 것을 말한다.

19) 대승불교에서, 보살은 유월치 보살과 아유월치 보살의 둘로 나뉜다. 아유월치는 불퇴不退, 무퇴無退, 불퇴전不退轉, 불퇴위不退位, 아비발치阿鞞跋致라고도 번역한다. 반드시 부처가 되는 지위이며, 보살위에서 타락하여 범부가 되지 않는다. "아미타불의 극락세계의 중생으로 태어나는 사람들은 모두 불퇴전의 경지에 있는 아비발치阿鞞跋致이며, 그 중 대부분이 일생보처一生補處(등각보살)이다."(불설아미타경)

기를 받은 사람, 혹 초지, 2지
에서부터 나아가 10지를 얻은
사람도 있었고, 어떤 이는 6바
라밀을 만족하였으며, 그 바라
문은 번뇌를 털어 버리고 5신통
을 얻었다.

爾時 大衆聞佛是說 遠塵離垢 及隨煩惱 得法眼
淨 其中卽有得須陀洹果者 得斯陀含果者 得阿那
含果者 得阿羅漢果者 或有得辟支佛道者 或有入
菩薩位者 或有得阿鞞跋致者 或有得菩提受記者
或有得初地二地乃至十地者 或有滿足六波羅蜜者
其婆羅門遠塵離垢 得五神通

그때 금강수보살이 이 기특하고
희유한 일을 보고 부처님께 여

쭈었다.

"세존이시여, 매우 기이하고 특별하며, 희유합니다. 다만 이 일을 듣기만 하고도 이러한 수승한 공덕을 얻었거늘 어찌 하물며 이 법요에 대하여 선근을 심어 대복취大福聚를 얻는 것이겠습니까."

爾時 金剛手菩薩見此奇特希有之事 白佛言 世尊 甚奇特希有 但聞此事 尚獲如是殊勝功德 何況於此法要 種殖善根 獲大福聚?

부처님께서 말씀하셨다.

"자세히 들어라. 금강수야, 만일

선남자·선여인·비구·비구니·
우바새·우바이가 이 경전을 쓰
면 저 99백천 구지 수의 깨알
처럼 많은 여래께서 말씀하신
경전을 쓰는 것이 될 것이며,
저 99백천 구지 수의 깨알처럼
많은 여래께 선근을 심은 것이
니 저들 여래께서 호념하고 섭
수해 주신다.

만약 어떤 사람이 독송하면 과
거의 모든 부처님께서 말씀하신
경전을 독송하는 것이다. 만일
이 경을 수지하면 저 시방의

99백천 구지 수의 깨알처럼 많은 여래·응공·정등각인 저 모든 여래께서 한 분 한 분 방소_方所에서 멀리서 가피하시고 섭수하셔서 밤낮으로 몸을 나툴 것이다.

佛言 諦聽 金剛手 若有善男子 善女人 比丘 比丘尼 優婆塞 優婆夷 書寫此經典者 卽爲書 寫彼九十九百千俱胝如胡麻如來所說經典 卽於 彼九十九百千俱胝如胡麻如來種殖善根 卽爲彼 等如來 護念攝受 若人讀誦 卽爲讀誦 過去一 切諸佛所說經典 若受持此經 卽彼十方九十九 百千俱胝如胡麻如來應正等覺 彼一切如來一一 方所遙加攝護 晝夜現身

만일 어떤 사람이 이 경에 공양 올리되 꽃·향·도향·화만·의복·장엄구로 공양 올리면 저 시방의 99백천 구지 수의 여래 앞에 천계의 묘화·묘향·의복과 7보로 만든 장엄구를 수미산만큼 쌓아 공양 올리는 것과 같아서 선근을 심은 것도 이와 같다."

若人供養此經 以花香 塗香 花鬘 衣服嚴具 而供養者 卽於彼十方九十九百千俱胝如來之前 成天妙花 妙香 衣服 嚴具七寶 所成積如須彌 而爲供養 種殖善根 亦復如是

그때 천룡팔부·인비인 등이 이런 일을 보고 듣고 나서 각각 희유하고 기이하다는 생각을 품고 서로서로 말하였다.

"기이하도다. 위덕威德이여, 이 썩은 흙무더기가 여래의 신력으로 가지해 주심을 입은 까닭으로 이런 신통변화가 있구나."

爾時 天 龍八部人 非人等 見聞是已 各懷希奇 互相謂言 奇哉! 威德是朽土聚 以如來神力 所加持故 有是神變 時 金剛手白佛言 世尊 何因緣故 是七寶塔現爲土聚?

그때 금강수가 부처님께 여쭈었

다.

"세존이시여, 무슨 인연으로 7
보탑이 현재 흙더미가 되었습니
까?"

부처님께서 금강수에게 말씀하
셨다.

"이것은 흙더미가 아니고 7보로
이루어진 대보탑일 뿐이니라.
또 금강수야, 모든 중생의 업에
대한 과보를 말미암은 까닭으로
숨었지, 여래의 몸은 훼손되거
나 무너지지 않거늘 어찌 여래

의 금강장신金剛藏身이 무너질 수
있겠느냐. 다만 중생의 업과 인
연으로써 나타나 보이고 숨고
할 뿐이다.

佛告金剛手　此非土聚乃是七寶　所成大寶塔耳
復次　金剛手由諸衆生業果故隱非如來全身　而可
毀壞　豈有如來金剛藏身　而可壞也　但以衆生業
果因緣　示現隱耳

또 금강수야, 후세 말법이 핍박
당할 때 대체로 중생이 비법非法
을 익히고 행하여 지옥에 떨어
져 불·법·승을 구하지 않고
선근을 심지 않아 이러한 인연

묘법이 숨는다. 오직 이 탑은 제외되나니 모든 여래의 신력으로 가지함을 받았기 때문이다. 이 일 때문에 내가 지금 눈물을 흘린 것이고 모든 여래들께서도 이 일 때문에 모두 눈물을 흘리신 것이다."

復次 金剛手 後世末法逼迫時 多有衆生 習行非法 應墮地獄 不求佛法 僧不種殖善根 爲是因緣 妙法當隱 唯除此塔 以一切如來神力所持故 以是事故 我今流淚彼諸如來 亦以是事 悉皆流淚

그때 금강수보살이 부처님께 여쭈었다.

"세존이시여, 만일 어떤 사람이 이 경을 써서 탑 속에 모시면 얼마만한 복을 얻습니까?"

爾時 金剛手菩薩白佛言 世尊 若有人書寫此經 安置塔中 獲幾所福?

부처님께서 금강수에게 말씀하셨다.

"만일 어떤 사람이 이 경을 써서 탑 속에 모시면 이 탑은 모든 여래의 금강장 솔도파率堵波(탑)[20]가 되며, 또 모든 여래의 다

---

20) 고대 인도 산스크리트어인 스투파(Stupa)를 한자로 음역하면서 솔도파率堵波, 솔탑파率塔婆라 하다가 탑파塔婆, 탑이라는 줄임말로 부르게 되었다.

라니심비밀가지陁羅尼心祕密加持　　솔
도파가 되고, 곧 99백천 구지
수의 깨알처럼 많은 여래의 솔
도파가 된다. 또 모든 여래의
불정불안佛頂佛眼 솔도파가 되고,
곧 모든 여래의 신력으로 가호
를 받을 것이다.

佛告金剛手　若人書寫此經　置塔中者　是塔卽爲
一切如來金剛藏窣堵波　亦爲一切如來陁羅尼心
祕密加持窣堵波　卽爲九十九百千俱胝如胡麻如
來窣堵波　亦爲一切如來佛頂佛眼窣堵波　卽爲一
切如來神力所護

만일 부처님의 형상 가운데 모시

고 모든 솔도파 속에 이 경을 모시되 그 상像은 7보로 이룬 것이고, 그 솔도파도 7보로 되어있으며, 산개傘蓋21) · 주망珠網(그물망) · 노반露槃(층層)도 7보로 되어 교차하여 덕德 자를 결하고, 방울들도 순전히 7보로 된 것이다.

모든 여래께서 이 법요에 대하여 그 위력을 더하시고 성실언誠實言과 본래의 서원으로 가지하셨으므로 만일 어떤 유정이 이 탑에

---

21) 하늘에서 꽃비가 내려 부처님 주변을 장엄한다는 불경의 내용에 연유하여 금속이나 목재를 조각하여 조성되는 장엄물이며, 천개天蓋 · 보개寶蓋 · 산개傘蓋 등 여러 명칭이 있으나 모두 동일한 내용이다.

대하여 선근을 심으면 아뇩다라 삼먁삼보리에서 결정코 물러나지 않는다.

若於佛形像中　安置及於一切窣堵波中　安置此經
者　其像卽爲七寶所成其窣堵波　亦爲七寶傘蓋珠
網露槃交結　德字鈴鐸純爲七寶一切如來　於此法
要　加其威力　以誠實言本誓加持　若有有情　能於
此塔　種殖善根　必定於阿耨多羅三藐三菩提　得
不退轉

나아가서 아비지옥에 떨어졌더라도 만일 이 탑에 한 번 절하고 한 번 빙 돌면 반드시 해탈하고, 모두 아뇩다라삼먁삼보리에서 물러나지 않는다. 탑과 부처님 형상이 있는 곳에서는 모든 여래의 신력으로 가호를 받기 때문에 그곳은 태풍·번개·우레·천둥·벼락의 피해를 당하지 않으며, 또 다시 독사·독충·독수毒獸에게 손상당하지 않으며, 악성惡星·괴이한 새·앵무·구욕鴝鵒새(구관조)·벌레·쥐·호랑이·벌·전갈에게 상해傷害되지 않으며, 야차·나찰·부다部多22)·비사차比舍遮23)에게 당하거나 미치

---

22) 부단나富單那·부다나富多那라고 적기도 한다. 취기臭鬼, 취아귀臭餓鬼라 번역 된다. 아귀 중에서 뛰어난 자로 몸에서 더러운 냄새가 나며, 사람과 짐승을 해친다고 한다. 사천왕이 거느리는 8부족의 하나.
23) 식혈육귀 전광귀 담정귀라고 번역된다. 사천왕이 거느리는 8부족의 하나인데 지국천持國天의 휘하에 있다.

거나 경풍의 두려움이 없으며, 또 모든 한기와 열기의 모든 병, 악창·부스럼·독창·옴·나병이 나지 않으며, 만일 어떤 사람이 이 탑을 잠깐이라도 보면 모두 낫는다.

乃至應墮阿鼻地獄　若於此塔　一禮拜　一圍遶　必得解脫　皆得不退轉　於阿耨多羅三藐三菩提塔及形像所在之處　一切如來神力　所護其處　不爲惡風　雷雹　霹靂所害　又復不爲毒蛇　毒蟲　毒獸所傷　不爲惡星怪鳥鸚鵡鴝鵒蟲鼠虎狼蜂蠆之所傷害亦無夜叉羅刹部多比舍遮癲癇之怖亦不爲一切寒熱諸病癃瘦　癱毒　瘡癬　疥癩所染　若人暫見是塔　一切皆除

그곳에는 또한 사람·말·소의 질병과 동자童子와 동녀의 역질도 없고, 또한 비명에 요절하지 않으며, 또한 칼·막대기·물·불에 손상당하지 않으며, 또한 다른 적의 침입을 받지 않으며, 기근에 핍박당하지도 않고, 염매厭魅(사악한 주술)와 저주의 기도가 기회를 얻지 못한다.

사대천왕과 모든 권속이 밤낮으로 에워싸고 보호하며 28부 대야차장과 일·월과 주위의 별들[彗星]이 밤낮으로 보호하고 지키

며, 모든 용왕이 그 정기精氣를
더하여 때맞추어 비를 내린다.

其處亦無人 馬 牛 疫 童子 童女疫 亦不爲非命
所夭 亦不爲刀杖水 火所傷 亦不爲他敵所侵 飢
饉所逼　厭魅呪詛　不能得便四大天王與諸眷屬
晝夜衛護二十八部大藥叉將　及日月衝暈彗星　晝
夜護持 一切龍王加其精氣 順時降雨

모든 천과 도리천이 세 때로 내
려와서 탑에 공양올리고 예배하
기 때문에 모든 신선도 세 때로
와 모여서 찬탄하고 노래하면서
노니나니, 그곳은 모든 여래께
서 호념하시고 가지하셨기 때문

이다.

一切諸天與忉利天三時下來　亦爲供養　禮拜塔故
一切諸仙三時　來集讚詠　旋遶釋提桓因與諸天女
晝夜三時　來下供養其處　卽爲一切如來護念加持

만일 어떤 사람이 탑을 세우되
혹 흙·돌·나무·금·은·붉은
구리를 사용하고 이 법요를 써
서 그 가운데 안치하면 안치하
자마자 그 탑은 7보로 만들어지
게 될 것이며, 상·하의 계단·
노반·산개·방울·그물이 순전
히 7보가 될 것이며, 그 탑의
사방에 있는 여래 형상도 또한

이와 같은 것이니, 모든 여래의 신력으로 가지하신 바를 입었기 때문이다. 그 7보탑인 대전신사리장大全身舍利藏은 높이 아가니타천阿迦尼吒天의 궁전에까지 이르고 모든 천이 지켜주고 공양 올릴 것이다."

若人作塔 或土 石 木 金 銀 赤銅 書此法要 安置其中 纔安置已 其塔卽爲七寶所成 上下階陛 露槃 傘蓋 鈴鐸 網綴純爲七寶 其塔四方如來形像 亦復如是 則一切如來神力 所持其七寶塔 大全身舍利藏 高至阿迦尼吒天宮 一切諸天守衛供養

금강수가 부처님께 여쭈었다.

"세존이시여, 무슨 인연 때문에 이 법은 이러한 수승한 공덕이 있습니까?"
부처님께서 금강수에게 말씀하셨다.
"이 보협다라니의 위신력 때문이다."

金剛手白佛言 世尊 何因緣故 此法如是殊勝功德? 佛告金剛手 以此寶篋陁羅尼威神力故

금강수가 말씀드렸다.
"오직 원하건대 여래께서는 저희들을 가엾게 여기셔서 이 다라니를 말씀해 주소서."

부처님께서 말씀하셨다.

"자세히 들어라. 금강수야, 이것
은 모든 여래의 미래와 현재이
며, 이미 열반에 드신 분의 전
신사리가 모두 보협다라니 속에
있으며, 모든 여래의 모든 삼신
三身도 그 속에 있느니라."

그때 세존께서 다라니를 송하셨
다.

金剛手言　唯願如來　哀愍我等　說是陁羅尼　佛
言　諦聽　金剛手　此是一切如來未來　現在及已
般涅槃者　全身舍利　皆在寶篋陁羅尼中　是諸如
來所有三身　亦在是中　爾時　世尊卽說陁羅尼

曰 :

나마 스데리야 디위 까난

싸르와 따타가따난

옴 뷰위브하 와다 와리 와짜리 와

짜따이

쑤루 쑤루 다라 다라

싸르와 따타가따 다뚜 다리

빠드마 브하와띠

자야와리 무드리 쓰마라

따타가따 다르마 짜끄라 쁘라와르

따나

와즈리 보디 바나 룽까라 룽끼르띠

싸르와 따타가따 디스띠떼

보다야 보다야 보디 보디 붇다야

붇다야

삼볻다니 삼볻다야

짤라 짤라 짤람뚜

싸르와 와라나니

싸르와 빠빠위가떼

후루 후루 싸르와 쑤카위가띠

싸르와 따타가따 흐리다야 와즈라니

쌈바라 쌈바라

싸르와 따타가따 쑤하야 다라니

무드리

붇디 쑤붇디

싸르와 따타가따 디스띠따 다뚜
가르베 쓰와하
싸마야 디스띠떼 쓰와하
싸르와 따타가따 흐리다야 다뚜
무드리 쓰와하
쑤쁘라 띠스티따 쓰뚜베 따타가따
디스띠떼
후루 후루 훔 훔 쓰와하
옴 싸르와 따타가따 우스니싸 다
뚜 무드라니 싸르와 따타가땀
싸다 뚜위 부씨따 디스띠떼
훔 훔 쓰와하

그때 세존께서 이 다라니를 말
씀하실 때 무너진 탑에서 7보
솔도파가 자연히 솟아나와 있었
는데 높고 넓게 꾸며졌고 장엄
이 미묘하며 대광명이 높았다.
그때 저 시방의 99백천 구지
나유타 수의 여래께서 모두 오
셔서 석가모니부처님을 찬탄하
시고 각각 이렇게 말씀하셨다.

爾時 世尊說是阤羅尼時 從朽塔處 有七寶窣堵
波 自然涌出高廣嚴飾 莊嚴微妙 放大光明 時
彼十方九十九百千俱胝那庾多如來 皆來稱讚釋
迦牟尼佛 各作是言

"훌륭하십니다. 훌륭하십니다. 석가모니여래시여, 이러한 광대한 법요를 말씀하시고 이러한 법장을 안치하셔서 염부제의 모든 중생으로 하여금 이락利樂(이익과 안락)하고 안온하게 하십니다.

만일 어떤 선남자 선여인이 이 법요와 다라니를 탑상塔像 속에 안치하면 우리들 시방의 모든 부처님은 그 방처를 항상 따라다니면서 모든 때에 신통력과 서원력으로 가지加持하고 호념할 것입니다."

善哉　善哉　釋迦如來能說如是廣大法要　安置如
是法藏　於閻浮提　令諸衆生　利樂安隱　若有善男
子善女人　依此法要　安置此陁羅尼　於塔像中者
我等十方諸佛隨其方處　恒常隨逐　於一切時　以
神通力及誓願力　加持護念

그때 세존께서 이 대전신사리보협인다라니를 송하셔서 불사를 널리 행하시고 나서 그런 뒤에 저 바라문의 집에 가셔서 모든 공양을 받으시고 무수한 천天·인人으로 하여금 큰 복과 이익을 얻게 하시고 머무시던 곳으로 돌아가셨다.

그때　대중인　비구·비구니·우
바새·우바이·천·용·야차·건
달바·아수라·가루라·긴나라·
마후라가·인비인 등이 모두 기
뻐하면서 믿어 수지하고 받들어
행하였다.

爾時　世尊說此大全身舍利寶篋印陁羅尼　廣作
佛事已　然後往彼婆羅門家　受諸供養　令無數天
人　獲大福利已　卻還所住　爾時　大衆比丘　比丘
尼　優婆塞　優婆夷　天　龍　夜叉　健闥婆　阿修羅
迦樓羅　緊那羅　摩睺羅伽　人　非人等　皆大歡喜
信受奉行　一切如來心祕密全身舍利寶篋印陁羅
尼經丙午歲高麗國大藏都監奉勅雕造

수구성취다라니경

수구성취다라니경

『**수구성취다라니경成佛隨求卽得神變加持成就陀羅尼經**』은 당나라 불공不空 법사가 번역한 다라니 경전으로, 밀교에 속하는 법신불法身佛의 가르침을 담고 있다. 중생이 소원을 구하면 성취한다는 뜻으로, 이 다라니의 효험에서 이름 지어졌다. 구칭具稱은, 『불설佛說 금강정유가金剛頂瑜伽 최승비밀성불도最勝祕密成佛倒 수구즉득신변가지隨求卽得神變加持成就 다라니』인데, 보통 수구즉득다라니 또는 수구다라니라 줄여 부른다.

이 경은 합천 해인사에 보관되어 있는 팔만대장경(경판 8만 1,258매)에는 포함되지 않은 경판으로, 조선 단종 원년 1453년 오봉산 석굴암에 모셔진 것을 1950년 6.25한국전쟁 때 폐허가 된 석굴암을 초안 선사가 재창건할 때 발견하여 수습한 것이다. 우리말 번역은 동국역경원장을 지낸 월운 큰스님이, 범어 음역은 중앙승가대 교수 종석 스님이 맡았다. 여기에 주석을 첨부하고 독경에 용이하게 일부 용어를 수정하였다.

불설금강정유가최승비밀
성불수구즉득신변가지
성취다라니 계청

연화장 태장교[24)에 고개숙여 예배하오니
끝없고 청정하고 다 지니신 비밀법문

광명을 두루하사 시방세계 비추시고
불꽃의 머리날려 삼천세계 교화하시며

---

24) 태장교太藏教 : 대일여래의 이성적인 면으로 즉, 본래부터 있는 영원한
    깨침을 드러내는 가르침. 태아가 모태에 싸여 있는 것과 같은 이성이 불성
    을 싸고 있기 때문에 인간은 어리석다 한다.

여의보 마음도장 마음에서 나투시니
아무도 못이기는 대명왕 어른께서

영원히 부처님의 삼매속에 계시면서
유가의 원각경계 훌쩍 뛰어 깨치시고

법신불 비로자나 설법하신 자리에는
굳건한 금강수로 밝은 등불 받쳐들고

거룩한 법문말씀 중생에게 전해주되
실지로 수행 도와 성불케함 끝없으시니

오탁의 미혹한 맘 잘못인줄 깨친이가
위없는 대 보리를 얻으리라.

서원하고 언제나 이법문 찬탄하고 외운다면

여래의 무루지혜 증득하게 되오리다.

생각을 가다듬고 마음달을 관찰하되
고요히 요동없이 본존불을 안놓으면

소원이 성취되어 그 마음에 흡족하니
그래서 그 이름이 수구이며 자재니라.

교법에 의지하여 일억번을 외운다면
천지나 귀신들의 온갖 재앙 물리치고

언제나 이다라니 잃지 않게 될 것이요
어디나 좋은거처 차지하게 되오리다.

한평생 다하도록 온갖 액난 만나잖고
물과 불 험한 재난 침노할 일 전혀 없고

싸움터 험한 길에 털끝 하나 안상하고
무서운 도적떼들 보자마자 동무되리.

무서운 바라이와 십악죄와 오역죄와
그리고 칠차죄를 두루두루 범했어도

수구주 외우는 것 바람결에 듣기만해도
모든 죄 씻은 듯이 모두모두 소멸하나니

이렇듯 다라니의 힘과 공덕 한량없기에
내 이제 발심하여 항상 외워 지니옵고

이 공덕 중생들에게 고루고루 회향하오니
모두가 도를 깨쳐 소실지蘇悉地(묘성취妙成就)에 들어지이다.

불설금강정유가최승비밀

佛說金剛頂瑜伽最勝祕密

성불수구즉득신변가지성취다라니경

成佛隨求卽得神變加持成就陀羅尼經

그때에 멸악취보살이 비로자나 부처님의 거룩하신 모임 속에 있다가 자리에서 일어나 합장하고 공경히 사뢰었다.

"세존이시여, 저는 오는 세상

말법시대의 물든 세계의 악취중생들에게 죄를 소멸하고 성불하는 다라니를 말해주어 삼밀문三密門[25]을 닦고 염불삼매를 증득하여 정토에 태어나게 하고자 하옵니다. 무슨 방편을 써야 죄 많은 중생들의 고통을 덜어주고 즐거움을 줄 수 있겠나이까?

저는 모든 중생들의 고통을 건져주기를 원하옵니다."

---

25) 밀교 수행은 신밀身密, 구밀口密, 의밀意密 등 중생의 삼밀三密에 대한 부처님의 가지加持를 통해, 부처님과 중생과의 일치 속에 해탈에 도달하는 방법을 제시한다. 즉 부처님의 대비(加)를 바탕 삼아, 중생은 신심(持)으로 신업身業, 구업口業, 의업意業 등 삼업三業을 삼밀로 전환시켜야 한다는 가르침이다.

그때에 부처님께서 멸악취보살에게 이르셨다.

"제 부끄러운 줄도 모르고 남부끄러운 줄도 모르고 삿된 소견을 일으키고 방일한 중생은 제도할 법이 없으니, 살아서는 온갖 고통을 받다가 죽어서는 무간지옥에 떨어져서 삼보三寶(불佛·법法·승僧)의 이름조차 듣지 못하거늘, 하물며 부처님을 뵙는 일이겠는가?

하물며 다시 인간의 몸을 받는 일이겠는가?"

멸악취보살이 다시 사뢰었다.

"여래의 방편은 한량이 없으시고 여래의 위신력은 다함이 없으시오니 바라옵건대 세존이시여, 비밀한 진언으로 고통을 건져 주는 법을 말씀해 주옵소서. 부처님께서는 일체중생의 부모이시니 오탁악세五濁惡世26)의 중생들을 위하여 결정코 성불하는 법을 설해 주옵소서.

---

26) 오탁악세五濁惡世: 다섯 가지 부정不淨한 것이 차 있는 악한 세상을 말하는데, 말세末世로서 어려운 시기의 사회적 정신적 생리적인 다섯 가지의 더러운 현상을 말함. ① 겁탁劫濁: 질병 굶주림 천재와 전쟁 등 시대적인 재앙을 말함. ②견탁見濁: 그릇된 견해나 사상이 만연한 것을 말함. ③번뇌탁煩惱濁: 탐욕 등 마음의 악덕이 가득한 것을 말함. ④중생탁衆生濁: 인간의 심신心身 자질資質이 저하된 상태를 말함. ⑤명탁命濁: 인간의 수명이 짧아지는 것을 말함.

부처님께서 멸악취보살에게 이
르셨다.

"나에게 비밀한 법이 있으니 세
상에 매우 드문 것이요, 죄를
멸하고 성불케 하는 으뜸가는
법이니, 이름이 수구즉득진언隨求
卽得眞言이니라.

어떤 사람이 이 진언의 제목만
들었거나, 누군가가 이 진언의
제목만 외운 이에게 가까이 하
거나, 제목을 읊은 이와 한 곳
에 모여 살면 이 사람에게는 일
체 천마와 귀신과 일체 선신왕

이 모두 와서 수호하리라.

오신채, 생선, 고기를 먹거나 자매 또는 일체 여자, 축생, 모든 비나야가毘那耶迦27)를 범하더라도 허물로 삼지 않고 밤낮으로 따라 다니면서 수호하여 모든 재앙을 여의고 편안함을 얻게 하거늘, 하물며 몸소 외운 사람이겠는가?

만일 전편을 다 외우면, 온갖

---

27) vinyaka · 빈나야가頻那夜迦 · 비나야가毘那也迦라고도 쓰며, 상비象鼻라 번역한다. 몸은 사람 형상, 머리는 코끼리 모양을 하였고, 언제나 사람을 따라다니면서 좋은 사업을 가로막거나 해친다는 나쁜 귀신.

무거운 죄가 모두 소멸하여 무량한 복덕을 누리다가 죽은 뒤에는 반드시 극락세계에 태어날 것이며, 비록 지극히 무거운 죄를 지었더라도 지옥에 떨어지지 않으리니, 부모를 죽이고, 나한을 죽이고, 화합된 승단을 깨뜨리고, 부처님 몸에 피를 내고, 경전과 불상을 태우고, 가람을 더럽히고, 모든 사람을 비방하고, 불법을 헐뜯되 자기가 하거나 남을 시켜하는 등 이렇듯 무거운 죄를 두루 지은 이들도 결

정코 극락세계의 상품에 태어나
서 자기의 연꽃송이에 화생하여
다시는 태에 들지 않을 것이니,
오직 성불이 가까워진 이는 먼
저 이 진언 외우는 소리를 영원
히 들으려니와, 성불이 아직 먼
이는 이 진언 외우는 소리를 듣
지 못하리라.

만일 어떤 남녀들이나 동남동녀
가 이 진언의 제목만을 지녀도
반드시 안락함을 얻으며, 아무
런 질병도 없을 것이며, 겉모습
이 건장하고 생김새가 원만하고

길상스러울 것이며, 복덕이 늘어날 것이며, 일체 진언법이 모두 성취되리니, 진언 제목의 한 글자 두 글자 나아가서는 열 글자이거나 진언 본문의 한 구절 두 구절 나아가서는 열 구절을 한번만 외우거나 금, 은, 유리, 옥함에 진언을 넣어 정대하면 이 사람은 비록 단에 들어가지 않았더라도 즉석에서 일체의 단에 들어간 공덕이 이루어져서 단에 든 이와 똑같은 수행이 이루어질 것이며, 모든 부처님과 똑같아서 나쁜 꿈을 꾸지 않고 무거운 죄가 모두 소멸하리라. 만일 어떤 이가 나쁜 마음을 일으켜 달려오더라도 해치지 못할 것이며, 모든 하는 일이 모두 성취되리라."

불설 일체여래 보변광명 염만청정 치성사유
여의보인 심무능승 총지 대수구 대명왕 다라니
나마하 사르바 따타 가따남 나마하/ 나마하 사르바 붓다 보디삿뜨바 붓다 다르마 상게뱌하/ 따댜타 옴 비뿔라 가르베 비뿔라 비말레 자야 가르베 바즈라 즈발라 가르베 가띠 가하네 가가나 비쇼다네 사르바 빠빠 비쇼다네/ 옴 구나바띠 가가리니 기리기리 가마리 가마리/ 가하가하 가갈리 가갈리 가가리 가가리 강바리 강바리/ 가띠 가띠 가마네 가레 구루 구루 구루니히/ 찰레 아찰레 못찰례 자예 비자예 사르바 바야 비가떼/ 가르바 상바라니 시리시리 미리미리 기리기리 사만따 까르샤네 사르바 샤뜨루 쁘라마타네 락샤 락샤 마마 사르바 사뜨바 남차 비리비리/

비가따 바라나 바야 나샤네 수리
수리 치리 치리/ 까말레 비말레
자예 자야바헤 자야바띠/ 바가바
띠 라뜨나 마꾸따 말라 다리히/
바후비비다 비치뜨라 베샤루빠 다
리니히/ 바가바띠 마하 비댜 데비
락샤 락샤 마마/ 사르바 사뜨바
남차 사만따 사르바뜨라/ 사르바
빠빠 비쇼다네 후루 후루 낙샤뜨
라 말라 다리니히 락샤 락샤 맘
마마 아나타샤 뜨라나 빠라야나샤
빠리 모차야 메 사르바 두흐케뱌
하/ 찬디 찬디 찬디니 베가바띠

사르바 두쉬따 니바라니 샤뜨루
빡샤 쁘라마타니/ 비자야 바히니
후루후루 무루무루 추루추루 아유
빨라니 수라 바라 마타니 사르바
데바따 뿌지떼/ 디리 디리 사만따
발로끼떼 쁘라베 쁘라베/ 수쁘라
바 비숫데 사르바 빠빠 비쇼다네/
다라 다라 다라니 라라 다레 슈무
슈무 루루/ 찰레 찰라야 두쉬땀
뿌라야 메아샴 슈리 바뿌르 다남/
자야 까말레 끄쉬니 끄쉬니 바라
데 바라담 꼬쉐/ 옴 빠드마 비숫
데 쇼다야 쇼다야 숫데/ 바라 바

라 비리 비리 부루 부루/ 망갈라
비슷데 빠비뜨라 무케/ 카드기니
카드기니 카라 카라/ 즈발리따 쉬
레 사만따 쁘라사리따 바바 시따
슷데 즈발라 즈발라 사르바 데바
가나 사만따 까르샤니히 사땨바떼
따라뜨라 따라야맘/ 나가 빌로끼
떼 라후 라후 후누 후누 끄쉬니
끄쉬니 사르바 그라하 박샤니히/
삥갈리 삥갈리 추무 추무 수무 수
무 추무 찰레/ 따라 따라 나가 빌
로끼니 따라야뚜 맘/ 바가바띠 아
슈따 마하 다루나 바예뱌하/ 사무

드라 사가라 빠랸땀 빠딸라 가가
나 딸람/ 사르바 뜨라사만떼나 디
샤 반데나 바즈라 쁘라까라 바즈
라 빠샤 반다네나/ 바즈라 즈발라
비슛데 부리 부리 가르바바띠/ 가
르바 비쇼다니 꾹쉬히 상뿌라니/
즈발라 즈발라 찰라 찰라 즈발리
니/ 쁘라바르샤뚜 데바 사만떼나
디뵤다께나 아므리따 바르샤니 데
바따 따바라니 아비쉰차뚜 메/ 수
가따 바라 바차나므리따 바라 바
뿌쉐 락샤 락샤 마마 사르바 샤뜨
바남 차 사르바뜨라 사르바다/ 사

르바 바예뱌하/ 사르보 빠드라베
뱌하/ 사르보 빠사르게뱌하/ 사르
바 두쉬따 바야 비따샤/ 사르바
깔리 깔라하 비그라하 비바다 두
후 스바쁘나 두르 니밋따망갈랴
빠빠 비나샤니히/ 사르바 약샤
락샤사 나가 니바라니히/ 사라니
사레 발라발라 발라바띠 자야자야
자야뚜 맘사 바르뜨라 사르바 깔
람 시단뚜 메에맘 마하 비담/ 사
다야 사다야 사르바 만달라 사다
니히/ 가따야 사르바 비그나하/
자야 자야 싯데 싯데 수싯데/ 시

댜 시댜 부댜 부댜 보다야 보다야 뿌라야 뿌라야 뿌라니 뿌라니 뿌라야 메 아샴/ 사르바 비댜디 가따 무르떼 자욧따리 자야바띠/ 띠슈타 띠슈타 사마얌 아누 빨라야/ 따타가따 흐리다야 숫데 뱌발로까야 맘/ 아슈따비 마하 다루나바예 사라 사라/ 쁘라사라 쁘라사라 사르바바라나 쇼다니히/ 사만따 까라 만달라 비숫데/ 비가떼 비가떼 비가따 말라 비쇼다니히 끄쉬니 끄쉬니/ 사르바 빠빠 비숫데 말라 비가떼 떼자바띠/ 바즈라바띠 뜨

라일로까 디슈티떼 스바하/ 사르
바 따타가따 붓다 비쉭떼 스바하/
사르바 보디삿뜨바 비쉭떼 스바하
/ 사르바 데바따 비쉭떼 스바하/
사르바 따타가따 흐리다야 디슈티
따 흐리다예 스바하 사르바 따타
가따 사마야 싯데 스바하/ 인드렌
드라바띤드라 뱌발로끼떼 스바하/
브라흐메 브라흐마 바뜌쉬떼 스바
하/ 비쉬누 나마스 끄리떼 스바하
마헤슈바라 반디따 뿌지떼 스바하
바즈라 다라 바즈라 빠니
발라 비랴디슈티떼 스바하

드리따라 슈뜨라야 스바하

비루 다까야 스바하

비루 빡샤야 스바하

바이슈라바나야 스바하

차뚜르 마하 라자 나마스 끄리따
야 스바하

야마야 스바하

야마 뿌지따 나마스 끄리따야 스
바하

바루나야 스바하

마루따야 스바하

마하 마루따야 스바하

아그나예 스바하

나가 빌로끼따야 스바하
데바 가네뱌하 스바하
나가 가네뱌하 스바하
약샤 가네뱌하 스바하
락샤사 가네뱌하 스바하
간다르바 가네뱌하 스바하
아수라 가네뱌하 스바하
가루다 가네뱌하 스바하
낑나라 가네뱌하 스바하
마호라가 가네뱌하 스바하
마누셰뱌하 스바하
아마누셰뱌하 스바하
사르바 그라헤뱌하 스바하

사르바 락샤뜨레뱌하 스바하

사르바 뿌떼뱌하 스바하

사르바 쁘레떼뱌하 스바하

사르바 삐샤체뱌하 스바하

사르바 빠스마레뱌하 스바하

사르바 꿈반데뱌하 스바하

사르바 뿌따네뱌하 스바하

사르바 까따뿌따네뱌하 스바하

옴 두루 두루 스바하

옴 뚜루 뚜루 스바하

옴 무루 무루 스바하

하나 하나 사르바 샤뜨루남 스바하

다하다하 스바두쉬따 쁘라두쉬따
남 스바하

빠차 빠차 사르바 쁘라땨르티까
쁘라땨미뜨라남

예 마마 히따이쉬나하 떼샴 사르
베샴 샤리람

즈발라야 두쉬따 칫따남 스바하

즈발리따야 스바하

쁘라 즈발리따야 스바하

디쁘따 즈발라야 스바하

사만따 즈발라야 스바하

마니 바드라야 스바하

뿌르나 바드라야 스바하

마하 깔라야 스바하

마뜨리 가나야 스바하

약쉬니남 스바하

락샤시남 스바하

아까샤 마뜨리남 스바하

사무드라 바시니남 스바하

라뜨리 차라남 스바하

디바사 차라남 스바하

뜨리상댜 차라남 스바하

벨라 차라남 스바하

아벨라 차라남 스바하

가하 하레뱌하 스바하

가하 상따라니히 가하 하레뱌하

스바하

약쉬니남 가하 상따라니히

락샤시남 가하 상따라니히

아까사 마뜨리남 가하 상따라니히

사무드라 바시니남 가하 상따라니히

라뜨리 차라남 가하 상따라니히

디바사 차라남 가하 상따라니히

뜨리상댜 차라남 가하 상따라니히

벨라 차라남 가하 상따라니히

아벨라 차라남 가하 상따라니히

후루 후루 스바하

옴 스바하 스바 스바하

부 스바하 브바하 스바하

옴 부르 브바하 스바하 스바하

치띠 치띠 스바하

비띠 비띠 스바하

다라니히 스바하

다라니 스바하

아그니히 스바하

떼조바뿌후 스바하

치리 치리 스바하

시리 시리 스바하

부댜 부댜 스바하

시댜 시댜 스바하

만달라 싯데 스바하

만달라 반데 스바하

시마 반다네 스바하

사르바 샤뜨루남 잠바 잠바 스바하

스땀바야 스땀바야 스바하

친나 친나 스바하

빈나 빈나 스바하

반쟈 반쟈 스바하

반다 반다 스바하

모하야 모하야 스바하

마니 비슛데 스바하

수례 수례 수랴 비슛데 비쇼다네 스바하

찬드레 수찬드레 뿌르나 찬드레

스바하

그라헤뱌하 스바하

낙샤뜨레뱌하 스바하

쉬바이히 스바하

샨띠히 스바하

스바스따야네 스바하

쉬밤 까리 샨띠히 까리 뿌쉬띠히 까리

마라마다니히 스바하

슈리히 까리 스바하

슈리얌 아다니 스바하

슈리야 즈발라니 스바하

나무침 스바하

마루띠 스바하
베가바띠 스바하.

"이 진언은 무수억 항하사수恒河
沙数28) 부처님들의 지혜의 근본이
며, 한량없는 부처님께서도 이
진언에서 나왔으며, 부처님께서
성불하신 것도 이 진언을 지녔
기 때문이다.
그러므로 삼세三世의 부처님께서
무수한 만 억겁을 지나도록 비
로자나여래毘盧遮那如來29)의 자체법

28) 인도 갠지즈 강의 무수한 모래처럼 무한히 많은 수량.
29) 부처님의 진신眞身을 나타내는 칭호. 부처님의 신광身光, 지광智光이 이

계 안에서 무수한 겁의 정진으
로 얻어지는 것이다. 이런 까닭
에 수구즉득진언이라 하느니라.
모든 부처님께서 이 진언을 만
나지 못하면 성불하지 못할 것
이며, 외도나 바라문이 이 진언
을 얻으면 부처를 이룸이 빠르
니라. 그 까닭이 무엇이겠는가?"

"옛날에 마갈타 나라에 구박俱博
이라는 바라문이 있었는데 부처

사무애理事無碍의 법계法界에 충만하여 원명圓明한 것을 표현하는 명호이
다. 밀교에서는 우주의 진리 그 자체를 나타내는 본존인 대일여래大日如來
로 불리운다.

님을 뵙지도 않고, 법을 듣지도 않고, 육바라밀을 행하지도 않고, 사무량心四無量心30)에 머무르지도 않고, 날마다 돼지, 양, 곰, 사슴, 거위, 오리, 거북 등을 잡아먹되, 날마다 오십 마리 혹은 백 마리씩을 죽이면서 이백오십 년의 수명이 지나매 인간을 떠나 염라왕궁에 이르렀느니라.

---

30) 대승 보살이 가지는 네 가지의 자비심. 모든 중생에게 즐거움을 주고 괴로움과 미혹을 없애주는 자慈 · 비悲 · 희喜 · 사捨의 네 가지 무량심을 의미한다. 자무량심慈無量心은 모든 중생에게 사랑을 베풀어 주는 마음가짐이며, 비무량심悲無量心은 중생을 불쌍히 여기는 마음으로 고통의 세계로부터 구해내어 깨달음의 해탈락解脫樂을 주려는 마음가짐이다. 희무량심喜無量心은 중생으로 하여금 고통을 버리고 낙을 얻어 희열하게 하려는 마음가짐이며, 사무량심捨無量心은 탐욕이 없음을 근본으로 하여 모든 중생을 평등하게 보고 미움과 친근함에 대한 구별을 두지 않는 마음가짐이다.

그 염라왕이 제석천왕에게 아뢰
기를 「이 죄인에게는 어떤 지옥
을 점지 하오리까? 죄의 경중은
어떠하오니까?」 하니,

제석帝釋天31)이 대답하기를 「이 사
람의 죄는 헤아릴 수도 없고 셈
으로 셀 수도 없다. 선행을 적
는 황금표찰에는 한 가지 선도

---

31) 불교에서 도리천忉利天의 왕을 의미하는 호법선신. 범어로는 샤크로데반
드라(S'akrodevandra)이며, 석제환인다라釋提桓因陀羅 · 석가제바인다라釋
迦提婆因陀羅라고 쓰던 것을 줄여 제석천이라 하였다. 불교의 세계관에 의
하면 세계의 중앙에 수미산須彌山이 있는데 그 정상에 도리천이라는 하늘
이 있다고 한다. 제석은 선견성善見城에 머무르면서 사천왕四天王과 주위
의 32천왕天王을 통솔한다. 그는 불법을 옹호하며, 불법에 귀의하는 사람
들을 보호할 뿐 아니라, 아수라阿修羅의 군대를 정벌하기도 한다. 그의 무
기는 그물인데, 이것을 인다라망因陀羅網이라고 하여 세간의 얽히고 설킨
인과에 비유한다. 원래 인도의 신격 가운데 인드라Indra가 불교의 변화를
보인 한 예이다. 우리 나라에서는 『삼국유사』에서 단군의 할아버지를 묘사
할 때 석제환인釋提桓因이라고 표기하였다.

없는데, 악행을 기록하는 무쇠 표찰에는 다 셀 수조차 없으니 속히 아비지옥으로 보내라.」하니, 즉시에 옥졸들이 일을 맡아 분부대로 아비지옥에 던져 넣었느니라.

그때 지옥이 갑자기 연못으로 변하여 팔공덕수八功德水32)가 철철

---

32) 여덟가지 공덕을 갖추고 있는 물. 서방정토 극락세계의 연못과 수미산須彌山, 칠금산七金山 사이에 있는 내해內海에는 다 팔공덕수가 차 있다. 『칭찬정토불섭수경稱讚淨土佛攝受經』에는 고요하고 깨끗함, 차고 맑은 것, 맛이 단 것, 입에 부드러운 것, 윤택한 것, 편안하고 화평한 것, 기갈 등의 한량없는 근심을 제하는 것, 마신 후에는 능히 모든 근根을 기르고 사대四大가 증익增益하는 것으로 설해져 있다.

넘치고, 그 안에는 갖가지 연꽃이 피었으니 이른바 청색 백색 홍색 자색인데 그 색깔이 다른 연꽃들보다도 수승하고, 그 연꽃 송이마다에는 죄인들이 앉았는데 아무런 고통도 없었느니라.

이 때문에 마두馬頭, 우두牛頭의 염라왕들이 생각하기를 「이 지옥은 신기한데 이 죄인들에게 잘못 주어졌다. 지옥은 정토로 변했고 사람들은 부처와 다르지 않구나. 우리들은 이런 일을 보고 들었도다.」 하였느니라.

그때 염라왕이 제석천왕의 궁전에 나아가 사뢰기를 「이 구박 바라문은 죄인이 아닙니다.」 하고는 그의 신통과 변화를 위의 이야기와 같이 고하니,
제석천왕이 대답하기를 「두 생 동안의 선행은 티끌만치도 없으니 내가 알 바가 아니로다.」 하고는 곧 석가모니부처님께로 나아가서 사뢰기를 「구박의 선행은 무엇이기에 신통변화가 이러

하옵니까?」 하였느니라.

그때 부처님께서 제석에게 이르
시기를,
「구박은 태어난 이래 단 한 가
지의 선한 일도 짓지 않았으나
오직 그 인간의 해골만은 볼만
할 것이니라.」 하셨다.

제석이 즉시에 인간들의 묘역墓
域으로 가보니, 구박의 무덤 서
쪽 일리쯤에 졸도파卒都波(탑) 하나
가 있는데, 그 안에는 이 근본

진언이 있고, 어떤 무너진 졸도
파 안의 진언은 땅에 쏟아졌는
데, 그 중 글자 하나가 바람에
날려 구박의 해골에 붙어 있었
느니라.

그때 제석이 기이한 지옥으로
돌아와서 여덟 지옥을 옮겨다
모으니 모든 지옥이 모두 그와
같이 되어 마침내 고통을 받지
않게 되었느니라.

그때 구박과 모든 죄인이 모두

다 삼십이상相과 팔십종호種好가
원만해지고, 동시에 연화대장세
계에 올라 부처님과 보살이 되
시니 상방 세계의 무구불無垢佛이
바로 구박 바라문이었느니라.

죄를 소멸하는 공능이 이러하거
늘, 하물며 몸소 지니는 것이겠
는가?
만일 지극한 마음으로 지니고 염
송하는 사람이 있다면 무슨 죄가
조그만 치라도 있겠느냐?
그러므로 이 진언의 이름이 '수

구즉득성불자재隨求卽得成佛自在'이며, '구복덕자재求福德自在'이며, '구칠보 자재求七寶自在'라 하느니라.

이 까닭에 일곱 가지 이름이 있 으니 첫째는, '심불심진언心佛心眞 言'이니 비로자나여래의 핵심 지 혜 중의 핵심지혜이기 때문이 요.

1. 심불심진언 : 비로자나여래 핵심지혜

옴 사르바 따타가따 나마르떼/ 쁘 라바라 비가따바예 샤마야 스바

메 바가바띠/ 사르바 빠뻬뱌하 스
바스띠루 바반뚜/ 무네 무네 비무
네 찰레 찰라네/ 바야 비가떼 바
야 하라니히/ 보데 보데 보다야
보다야 붓디르 붓디히/ 사르바 따
타가따 흐리다야 주쉬떼 스바하

둘째는, '일체불심인진언一切佛心印眞
言'이니 모든 부처님의 깊고 지혜
로운 마음도장이기 때문이요.

2. 일체불심인진언 : 모든 부처님의 지혜로운
마음도장

옴 바즈라바띠 바즈라 쁘라띠슈티

떼 슛데 따타가따 무드라디슈타나 디슈티떼 스바하

셋째는, '관정진언灌頂眞言'이니 이 진언을 지니고 외우는 이의 정수리에 물 뿌리기 때문이요.

3. 관정진언

옴 무네 무네 무네바레 아비쉰찬뚜 맘/ 사르바 따타가따하 사르바 비댜 비쉐까이히/ 마하 바즈라 까바차 무드라 무드리따이히/ 사르바 따타가따 흐리다야 디슈티따

바즈레 스바하

넷째는, '관정인진언灌頂印眞言'이니
번뇌를 씻어내고 보리를 이룰
바탕을 확인하기 때문이요.

4. 관정인진언 : 번뇌를 씻어내고 보리를 이룰
바탕을 확인하는 진언

옴 아므리따 바레 바라 쁘라바라 비슛데/ 훔 훔 파뜨 파뜨 스바하

다섯째는, '결계진언結界眞言'이니
죄장을 제거하고 모든 마장이

소멸하기 때문이요.

　　5. 결계진언 : 죄장 제거, 마장 소멸

옴 아므리따 빌로끼니/ 가르바 상
락샤니히 아까르샤니히/ 훔 훔 파
뜨 파뜨 스바하

여섯째는, '불심진언佛心眞言'이니
부처님의 진실한 마음의 지혜인
까닭이요.

　　6. 불심진언 : 부처님의 진실한 마음의 지혜

옴 비말레 자야바레 아므리떼 훔

훔/ 훔 훔 파뜨 파뜨 파뜨 파뜨
스바하

일곱째는 '심중진언心中眞言'이니
이 법보다 수승한 것이 없기 때
문이니, 이 진언을 지닌 이도
이와 같으리라.

7. 심중진언 : 이 법보다 수승한 것이 없기 때문
옴 빠라 빠라 상빠라 상빠라 인드
리야 비쇼다니히 훔 훔 루 루 찰
레 스바하

부처님께서는 모든 법의 왕이시
니 가장 으뜸이니라.

멸악취야. 이 진언은 능히 일체
중생을 구원하시니 이 진언은
일체 중생으로 하여금 모든 고
뇌를 여의게 하며, 이 진언은
능히 일체 중생을 이롭게 하여
그 소원을 원만케 하심이 마치
부처님께서 일체 고뇌 중생을
구제하시는 것과 같으리라.

추운 자는 불을 얻게 하고, 벗
은 자는 옷을 얻게 하고, 외로

운 아기는 어머니를 만나게 하고, 물을 건너려는 자는 배를 얻게 하고, 병든 자는 의원을 만나게 하고, 어두운 자는 등불을 만나게 하고, 가난한 자는 보물을 얻게 하리라.

횃불이 어두운 숲을 제거하는 것과 같이 이 진언도 그러하여서, 능히 중생들로 하여금 일체 괴로움과 일체 병고를 여의게 하며, 능히 일체 중생의 생사의 속박을 풀어 주며, 염부제閻浮提33)

사람들의 병에 맞는 양약이 되나니, 만일 어떤 사람이 병을 만났을 때 이 진언을 들으면 병이 곧 소멸하느니라.

어떤 선남자 선녀인이 이 진언을 잠시 듣기만 하여도 모든 죄장이 모두 소멸할 것이며, 만일 일체 여인을 상대로 음행을 범한 죄일지라도 다시 태에 드는 고통을 받지 않으리니,

---

33) 인간세계의 총칭, 남섬부주南贍部洲라고도 한다. 염부제閻浮提는 염부나무가 무성한 땅이라는 뜻으로 수미사주須彌四洲의 하나. 수미산須彌山의 남쪽 바다 가운데에 있다는 섬으로, 삼각형을 이루고 가로 넓이 칠천 육순七千六旬라고 함.

그 까닭이 무엇인가 하면, 이 진언을 지니는 이를 가까이 모시고 공양하기만 한 남자나 여자에게는 모두가 부처의 몸이 갖추어졌기 때문이거니와, 만일 몸에 지니고 외우면… 분명히 알라.

이 사람은 그대로가 금강의 몸이리니 불로도 태우지 못할 것이며, 여래께서 신통력으로 이 사람을 옹호하실 것이며, 이 사람은 곧 여래의 몸일 것이며,

이 사람은 비로자나 여래의 몸일 것이며, 이 사람 그대로가 여래장如來藏34)일 것이며, 이 사람은 여래의 눈일 것이며, 이 사람은 금강의 갑주甲胄를 입은 것이며, 이 사람은 광명의 몸 그대로일 것이며, 이 사람은 무너지지 않는 몸일 것이며, 이 사람은 일체 원수와 적군을 무찌

---

34) 중생에게 본래 갖추어져 있는 여래가 될 수 있는 가능성을 이르는 말. 불성佛性과 같은 말로, 산스크리트 타타가타가르바(tathagatagarbha)를 한역漢譯한 것이다. 『여래장경』에서 '일체중생실유여래장一切衆生悉有如來藏'이라 한 것으로부터 발단된 여래장사상은 곧 마음의 본성은 청정淸淨하고 번뇌는 객진客塵에 지나지 않다고 보는 것이다. 원어는 '여래의 태, 또는 태아'를 뜻하는데, 『보성론寶性論』에서는 이 용어를 다음과 같이 본다. ① 여래의 법신法身이 중생에 널리 차 있다. ② 중생은 여래와 마찬가지로 진여眞如를 본성으로 한다. ③ 중생은 장차 여래의 자격을 가질 수 있는 인因을 가지고 있다는 3가지 뜻을 세웠다.

를 것이며, 이 사람의 모든 죄
업이 모두 소멸할 것이며, 이
진언은 지옥의 모든 고통을 제
해 주느니라.

내가 불법을 펴기 위해 끝없는
국토에서 끝없는 옛적부터 오늘
에 이르기까지 모든 법을 널리
설하기를 헤아릴 수 없었는데,
그 중에도 이 진언이 가장 으뜸
이어서 견줄 것이 없느니라.

삼천대천세계에서 비록 일체중

생을 다 죽이더라도 악취에 떨어지지 않는 것은 이 진언의 위력 때문이거늘, 하물며 인간들이 겪는 고를 받을 리가 있겠느냐?

항상 칠보배가 비처럼 내리고, 질병과 재난이 없을 것이며, 온갖 구하는 것이 모두 만족하고, 몸과 마음이 편안하고 복과 수명이 무량하리라."

부처님께서 멸악취보살에게 이르셨다.

"이 진언의 이름은 수구즉득진언이니, 능히 일체 죄업 등의 장애를 제하고, 일체 악도의 고통을 깨뜨리느니라.

멸악취야. 이 진언은 무수 억 항하사 구지 백천 부처님들께서 똑같이 설하신 바이니, 기뻐하는 마음으로 받아 지니는 사람은 여래께서 지혜의 심인(心印35)으로 인가해 주심을 받으리니, 일체중생의 악도를 부수기 때문이며, 위급한 고난에 부딪쳤거나

---

35) 언어와 문자에 의하지 않고 부처님의 내심內心을 증명하는 마음도장.

생사의 바다에 빠진 중생들로 하여금 해탈을 얻게 하기 때문이며, 단명하고 박복하고 구호해 줄 이가 없는 중생들이나 잡되고 악한 업을 즐기어 짓는 중생들을 위해서 설했기 때문이니라.

또 이 진언은 모든 고통 받는 곳의 무리, 즉 지옥과 그 밖의 악도의 중생이나, 생사의 고통에 유전하는 박복중생이나, 바른 도를 믿지 않는 중생이나, 이러한 모든 중생이 모두 해탈을 얻기 때문이니라."

그때 부처님께서 다시 멸악취보
살에게 이르셨다.
"이 진언을 너에게 권하노니 진
언의 위신력은 능히 일체중생을
고해에서 건질 수 있느니라.
멸악취야. 너는 마땅히 지니고
외우며 관하고 행하며 수호하여
없어지지 않게 하라.
멸악취야. 만일 어떤 사람이 잠
깐만이라도 이 진언을 들으면,
천 겁 동안 쌓아 모인 악업의

무거운 장애 때문에 응당 갖가지로 유전하면서 생사하는 지옥, 아귀, 축생, 염라왕계, 아수라 등의 몸이거나 야차, 나찰, 귀신, 포단나布單那(냄새 나는 아귀), 아파사마라아파사마라阿波沙摩羅(학질 귀신의 두목), 모기, 옴, 거북, 개, 대왕이, 뱀, 그리고 온갖 새, 그리고 온갖 맹수 나아가서는 온갖 미물, 더 나아가서는 개미 등으로 태어나야 할 것이로되, 영원히 그러한 몸을 받지 않느니라.

뿐만 아니라, 즉시에 모든 부처
님의 일생보처보살—生補處菩薩36)로
바뀌어 태어나거나, 같은 모임
에 태어나거나, 큰 성바지[大姓: 가
장 수승한] 바라문 종족에 태어나거
나, 혹은 큰 찰제리刹帝利(크샤트리아,
왕족) 종족에 태어나거나, 혹은
호화롭고 부호하여 가장 수승한
가문에 태어나느니라.

멸악취야. 이 사람이 위에서 말
한 바와 같이 귀한 곳에 태어나

---

36) 보살 최고의 경지로, 이번 일생만 마치면 부처의 지위에 오를 수 있는 보
살의 가장 높은 지위.

게 된 것은 모두가 이 진언 때문이니 태어나는 곳곳마다 모두 청정하고 물러남이 없는 법을 얻으니라.

멸악취야. 심지어는 보리도량菩提道場의 가장 수승한 곳에 이르는 일까지도 모두가 이 진언을 찬미했기 때문이니, 이 진언의 공덕이 이러하니라.

이런 까닭에 수구즉득진언隨求即得眞言이라 하느니라.

다음은 밀인법密印法을 말하리니, 오방의 부처님들[五方佛]37)을 면밀히 생각하며 먼저 결인結印38)을 가슴에 결인하고, 다음은 정수리에 올려두고, 다음의 결인은 양미간에 결인하고, 다음의 결인은 두 눈썹에 결인하되, 먼저 오른쪽부터 하고 다음은 왼쪽에 결인하고 마치나니, 이렇게 결인을 하고 나면 나의 몸과 같은 광명변조光明邊照의 몸을 이루나니

---

37) 밀교에서 다섯 방위를 대표하는 부처님들. 『금강정경』에 따르면 중앙에 비로자나불, 동방에 부동불, 남방에 보생불, 서방에 아미타불, 북방에 불공성취불이 각각 배치된다.
38) 밀교의 행자가 수행할 때에 양손과 손가락으로써 불·보살님의 깨달음을 상징적으로 나타내는 것.

라.

그런 뒤에 혀 위에 금강저金剛杵
를 관하면서 먼저 두 손을 모아
금강합장을 하고 바로 금강박金
剛朴을 만들어라.
이어서 오른손의 중지와 왼손의
중지는 쇠뇌[39]처럼 만들고 오른
손의 검지와 왼손의 검지를 등
에다 붙이며, 다시 오른손 위
중지와 왼손의 중지를 세워 발
우모양으로 했다가, 다시 손가

---

39) 예전에, 화살을 여러 개 잇달아 쏠 수 있도록 만들어진 활의 하나를 이르
던 말.

락의 반대편을 꺾어서 보주처럼 하고 다시 꺽은 것을 옮겨 연꽃처럼 하고, 다시 손가락의 면을 손바닥 안에 합치게 하고 왼손 소지와 오른손 소지, 왼손 엄지와 오른손 엄지를 서로 맞대어라.

그렇게 하면 바로 비밀인祕密印이 된 것이니 이 다섯 가지 비밀인은 비밀 가운데서도 가장 비밀한 것이나, 아사리阿沙利40)가 아닌

---

40) 범어 아사리아(a-ca-rya)의 음역(音譯)으로, 아사리阿闍梨로 쓰기도 한다. 불교 교단의 스승에 대한 총칭. 궤범사軌範師 등으로 의역되며 흔히

자는 전하지 못하는 것이나, 만약 법을 아는 제자가 있을 때에는 마땅함을 따를 수 있느니라.

단을 꾸미는 작단법作壇法은 법화의궤法華儀軌와 같으므로 말하지 않느니라."

그때 부처님께서 멸악취보살에게 이르셨다
"너는 자세히 들으라. 너와 그리고 명이 짧은 중생들에게 이

계사戒師라고 한다.

진언 외우는 법을 말해주리라.

먼저 깨끗이 씻고 새 옷을 입고는 날마다 아홉 번씩 외우면, 명이 짧은 중생은 수명이 늘어나서 영원히 온갖 병고를 여읠 것이며, 일체 업장이 모두 소멸하고 일체 지옥의 모든 고통에서도 모두 해탈하리라.

날아다니는 새들과 축생 등 모든 중생이 이 진언을 한 번 슬쩍 귓전으로 들어도 즉시에 이 몸이 다한 뒤에 다시 중생으로 태어나지 않고, 만일 몹쓸 병을 만나더라도 이 진언을 들으면 영원히 사라지고, 이미 있던 모든 병고가 소멸되며 응당 악도에 떨어질 이의 죄도 모두 소멸하여 즉시에 적정세계에 태어나리라.

이 몸이 끝난 뒤 다시는 태에 들지 않고, 태어나는 곳마다 연꽃에 화생할 것이며, 사는 곳 어디에나 연꽃에 화생할 것이

며, 태어나는 곳 어디서나 잊지
않고 잘 기억하여 항상 전생 일
을 알게 되리라.

만일 어떤 사람이 이미 온갖 극
중한 죄업을 지어서 목숨이 마
치자 그 악업 때문에 응당 지옥
에 떨어지거나, 혹은 축생이나
염라왕계에 떨어지거나, 혹은
아귀에 떨어지거나, 나아가서는
대 아비지옥阿鼻地獄41)에 떨어지거

---

41) 범어梵語 아비치(Avici)를 음역하여 아비지옥阿鼻地獄이라고 하며, 흔히
무간지옥無間地獄이라고도 한다. 팔열지옥八熱地獄의 하나로서, 무간이라고
한 것은 그곳에서 받는 고통이 간극間隙이 없이 계속되기 때문이다.

나, 혹은 물속의 무리나 혹은 금수 등 이류異流(함께 섞일 수 없는 무리)의 몸을 받게 되었더라도, 이 진언의 제목 중 단 한 글자만이라도 귓전에 스친 이는 이러한 고통을 다시는 받지 않고 업장이 모두 소멸하여 속히 불세계佛世界에 태어나리라.

만일 어떤 사람이 이 한 글자만 지닌 사람을 가까이 하기만 하여도 이 사람은 즉시에 대열반을 얻고 수명이 늘어나서 수승한 쾌락을 받을 것이요, 이 몸을 버린 뒤에는 바로 갖가지 미묘한 모든 불찰佛刹에서 태어나 항상 모든 부처님과 한 자리에 모이고, 일체 여래께서 항상 미묘한 이치를 설해 주심을 만나고, 모든 세존의 수기를 받아 몸에서 뿜는 광명이 모든 불찰佛刹을 두루 비추리니 이 진언의 공덕이 대략 이러 하니라.

너희들 선남자 선여인은 이 진언에 대하여 잠깐이라도 의심을 품지 말지니라.

만일 어떤 선남자 선여인이 의심을 품으면 세세생생에 진언의 영험을 얻지 못할 것이며, 이생에 백나병白癩病(문둥병)을 얻으리라.

나는 중생들을 이롭게 하기 위하여 이 진언을 설하노니, 빈궁·하천한 중생을 위하여 이 여의마니보주如意摩尼寶珠인 비로자나 여래의 일체지인一切智印 심심법장甚深法藏을 남겨 주노니, 이 주문을 수지하고 염송하는 사람은

마땅히 부처님 공경하듯 할지니
라.

불가사의한
고성염불과
수지독경의
공덕 · 위신력

고성으로 염불하고
경전을 독송하는
수행에 열 가지 공덕이 있나니,
잠을 내보내고
마군이 놀래 두려워 하고
소리가 사방에 가득 퍼지고
삼악도의 괴로움이 쉬며
바깥 소리가 섞여 들어오지 못하고
마음이 흩어지지 않게 하며
용맹한 마음으로 정진하게 하며
제불께서 기뻐하시며
항상 삼매가 현전하고
극락정토에 태어나느니라.
– 업보차별경

부록 : 독송용 불고진언

◉ 수능엄주 ◉

나모 능엄회상 불보살(3회)
南無 楞嚴會上 佛菩薩

묘잠총지부동존 수능엄왕세희유
妙湛總持不動尊 首楞嚴王世希有
소아억겁전도상 불역승기획법신
銷我億劫顚倒想 不歷僧祇獲法身
원금득과성보왕 환도여시항사중
願今得果成寶王 還度如是恒沙衆
장차심심봉진찰 시즉명위보불은
將此深心奉塵刹 是則名爲報佛恩
복청세존위증명 오탁악세서선입
伏請世尊爲證明 五濁惡世誓先入

여일중생미성불 종불어차취니원
如一衆生未成佛　終不於此取泥洹
대웅대력대자비 희갱심제미세혹
大雄大力大慈悲　希更審除微細惑
영아조등무상각 어시방계좌도량
令我早登無上覺　於十方界坐道場
순약다성가소망 삭가라심무동전
舜若多性可銷亡　爍迦羅心無動轉
나모상주시방불 나모상주시방법

나모상주시방승 나모석가모니불
나모불정수능엄 나모관세음보살
나모금강장보살

이시세존 종육계중 용백보광 광중용출
爾時世尊　從肉髻中　涌百寶光　光中涌出

천엽보련 유화여래 좌보화중 정방십도
千葉寶蓮 有化如來 坐寶花中 頂放十道

백보광명 일일광명 개편시현 십항하사
百寶光明 一一光明 皆徧示現 十恒河沙

금강밀적 경산지저 편허공계 대중앙관
金剛密迹 擎山持杵 徧虛空界 大衆仰觀

외애겸포 구불애우 일심청불 무견정상
畏愛兼抱 求佛哀祐 一心聽佛 無見頂相

방광여래 선설신주
放光如來 宣說神呪

◉ 대불정능엄신주 ◉

스타타 가토스니삼 시타타 파트람 아파라
지탐 프라튱기람 다라니
(대여래의 불정계 백산개白傘蓋 아래 능히 미치는 자
가 없는 완전 조복하는 진언)

- 비로진법회毘盧眞法會
나마스 타타수가타야
아르하트 삼먁삼붓다샤
사티야타 붓다 코티스니삼
나맣 사르바 붇다 보디사트베뱧
나모 샇타남 사먁삼붇다
코티남 사스라바카삼가남
나모 로케 아르한타남
나모 스로타판나남

나모 스크르타가미남
나모 로케 사먁가타남 사먁프라티판나남
나모 데바르시남
나모 싣다 비댜 다라르시남
사파누그라하 사마르타남
나모 브라흐마네
나모 인드라야
나모 바가바테 루드라야
우마파티 사헤야야
나모 바가바테 나라야나야
팜차 마하삼무드라 나마 스크르타야
나모 바가바테 마하카라야 트리푸라나
가라
비드라파나 카라야
아디묵토카 스마사나 니바시네
마트르가나 나마스크리타야

나모 바가바테 타타가타 쿠라야

나모 파드마 쿠라야

나모 바즈라 쿠라야

나모 마니 쿠라야

나모 가자 쿠라야

나모 바가바테 드르다수라세나

프라하라 나라자야 타타가타야

나모 바가바테 아미타바야

타타가타야 아르하테 사먁삼붇다야

나모 바가바테 악소뱌야

타타가타야 아르하테 사먁삼붇다야

나모 바가바테

바이사이쟈구루 바이투랴 프라바라자야

타타가타야 아르하테 사먁삼붇다야

나모 바가바테

삼푸스피타사 렌드라라자야

타타가타야 아르하테 사먁삼붇다야

나모 바가바테 사캬무나예

타타가타야 아르하테 사먁삼붇다야

나모 바가바테

라트나쿠수마 케투라자야

타타가타야 아르하테 사먁삼붇다야

테뵤 나마스크리타야 에타드 바가바테

스타타가토스니삼 시타타파트람

나마 파라지타 프라퉁기람

사르바 부타그라하 니그라하카라니

파라비댜

체다니 아카라 므르튜 파리트라야 나카리

사르바 반다나 목샤니

사르바 두스타

두스타 스바프나 바라니

차투라시티남 그라하사하스라남

비드밤사나카림

아스타빔 사티남 낙사트라남

프라사다나카림

아스타남 마하그라하남

비드밤사나카림

사르바 사트루니 바라님

고라 두스타 스바프 나남차나사니

비사 사스트라 아그니 우다카 우트라님

아파라지타구라

마하 발라찬다

마하 디프타

마하 테자

마하 스베타 즈바라

마하 바라 판다라바시님

아랴타라 브르쿠팀 차이바비자야

바즈라 마레티 비스루타 파드마카

바즈라 지흐바차

마라체바 아파라지타

바즈라 단디 비사라차

산타비데하푸지타

수마야루파 마하스베타 아랴타라

마하바라 아마라 바즈라 상카라차이바

바즈라쿠마리 쿠라다리

바즈라 하스타차 비디야

칸차나 말리카

쿠숨바라트나

바이로차나크리야 야라투슈니샴

비즈림바마나차

바즈라 카나카 프라바로차나

바즈라 툰디차

스베타차 카말라 락샤사 시프라바

이혜테 무드라가나 사르베 락샴

쿠르반투 이땀 마마샤

- 석존응화회釋尊應化會
옴 리시가나 프라사스타 사타타가토스니사
훔트룸 잠바나
훔트룸 스탐바나
훔트룸 파라비댜 삼박사나카라
훔트룸 사르바약사 락사사그라하남
비드밤사나카라
훔트룸 차투라시티남 그라하사하스라남
비드밤사나라
훔 트룸 락사 바가밤 마
스타타가토스니사 프라튱기라
마하 사하스라부제 사하스라 시르사이
코티사타 사하스라 네트레
아비댜 즈바리타 나타케

마하바즈로다라 트리바바나 만다레 슈
바라
옴 스바스티르 바바투 마마 이땀 마마샤

- 관음합동회觀音合同會

라자 바야 초라 바야 아그니 바야
우다카 바야
비사 바야 사스트라 바야 파라차크라
바야 두르빅사 바야
아사니 바야 아카라므르튜 바야
다라니부미캄파 바야 우르카파타 바야
라자단다 바야 나가 바야
비듀 바야 수프라니 바야
약사 그라하 락사사 그라하
프레타그라하 피사차그라하
부타 그라하 쿰반다 그라하

푸타나 그라하 카타푸타나 그라하
스칸다 그라하 아파스마라 그라하
운마다 그라하 차야 그라하, 레바티 그
라하
우자 하리냐 가르바 하리냐
자타 하리냐, 지비타 하리냐
루디라 하리냐 바사 하리냐
맘사 하리냐 메다 하리냐
마자 하리냐 반타 하리냐
아수챠 하리냐 치챠 하리냐
테삼사르베삼 사르바그라하남
비댬 친다야미 키라야미
프라브라자카
크르탐 비댬 친다야미 키라야미
다카다키니
크르탐비댬 친다야미 키라야미

마하파슈파티 루드라
크르탐비댬 친다야미 키라야미
나라야나
크르탐비댬 친다야미 키라야미
타트바가루다 사혜야
크르탐비댬 친다야미 키라야미
마하카라 마트르가나
크르탐비댬 친다야미 키라야미
카파리카
크르탐비댬 친다야미 키라야미
자야카라 마두카라
사르바르타 사다나
크르탐비댬 친다야미 키라야미
차투르바기니
크르탐비댬 친다야미 키라야미
브름기리티카 난디케스바라

가나파티사헤야
크르탐비댬 친다야미 키라야미
나그나 스라마나
크르탐비댬 친다야미 키라야미
아르하트
크르탐비댬 친다야미 키라야미
비타라가
크르탐비댬 친다야미 키라야미
바즈라파니 구햐카 구햐카 아디파티
크르탐 비댬 친다야미 키라야미
락사 락사 맘 바가밤 이땀 마마샤

- 강장절섭회剛臟折攝會
바가밤 시타타파트라 나모 스투테
아시타나라르카 프라바스푸타
비카 시타타파트레

즈바라 즈바라
다라 다라 비다라 비다라
체다 체다 훔 훔
파트 파트 파트 파트 파트 스바하
헤헤 파트
아모가야 파트
아프라티하타야 파트
바라프라다야 파트
아수라 비드라파카야 파트
사르바 데베뱧 파트
사르바 나게뱧 파트
사르바 약세뱧 파트
사르바 간다르베뱧 파트
사르바 푸타네뱧 파트
사르바 카타푸타네뱧 파트
사르바 두르람기테뱧 파트

사르바 두스프렉시테뱡 파트

사르바 즈바레뱡 파트

사르바 아파스마레뱡 파트

사르바 스라마네뱡 파트

사르바 티르티케뱡 파트

사르바 운맘데뱡 파트

사르바 비댜차례뱡 파트

자야카라 마두카라

사르바르타 사다케뱡 파트

비댜차례뱡 파트

차투르바기니뱡 파트

바즈라 코마리 비댜라즈니뱡 파트

마하프라튱기레뱡 파트

바즈라 샹카라야

프라튱기라 라자야 파트

마하카라야 마트르가나

나마스크리타야 파트

비쉬나베 파트

브라흐마네 파트

아그나예 파트

마하칼라야 파트

카라단다야 파트

마트리에 파트

루드라야 파트

차문디예 파트

카라라트리예 파트

카팔리네 파트

아디묶토카 스마사나 바시니예 파트

이예 카치트 사트바 마마 이땀 마마샤

- 문수홍전회文殊弘傳會

두스 칠타 아미트라 칠타

우자 하라 가르바 하라
루디라 하라 바사 하라
맘사 하라 자타 하라
지비타 하라 바랴 하라
간다 하라 푸스파 하라
파라 하라 사샤 하라
약사 그라하 락사사 그라하
프레타 그라하 피시챠 그라하
부타 그라하 쿰반다 그라하
스칸다 그라하 운마다 그라하 차야 그
라하
아파스마라 그라하 다카다키니 그라하
레바티 그라하 자미카 그라하
사쿠니 그라하 마트리난디카 그라하
아람비카 그라하 칸타파니 그라하
즈바라 에카히카 드바이티야카

트레티야카 차투르타카

니탸즈바라 비스마라

바티카 파이티카

슈라이스미카 산디파티카

사르바즈바라 시로루자

아르다 바베다카

악시 로감 무카 로감 칸타 로감 갈라
로감

카르나 수람 단다 수람 흐르다야 수람

마르마 수람 파라스바 수람 프르스타
수람

우다라 수람 카티 수람 바스티 수람

우루 수람 잠가 수람 하스타 수람

파다 수람 사르방가 프라튱가 수람

부타베탈라 다카다키니 즈바라

다드루칸다 키티발루타

비사르 팔로하 소사트라 사나카라

비사요가 아그니 우다카

마라베라 칸타라 아카라므르튜

트리얌부카 트라일라타 브르스치카

사르파나쿠라 심햐

뱌그리약샤 타레슈 마라지바스

테삼 사르베삼 시타타파트라

마하바즈로오스니삼 마하프라튱기람

야바드바 다사요자나 아브얀타레나

비댜 반담 카로미

데샤 반담 카로미

파라비댜 반담 카로미

- 비밀수능엄주祕密首嚴呪 심心

다냐타 옴 아나레 비샤데 비라 바즈라 다레

반다 반다네 바즈라파네 파트
훔 트룸 파트 스바하

◉ 대비주 ◉

천수천안관자재보살광대원만무애대비심대다라니
(大悲咒, 千手千眼廣大圓滿無礙大悲心陀羅尼)

나모 라뜨나 뜨라야야
나마 아리야발로끼떼스와라야 보디사뜨
와야
마하사뜨와야 마하 까루니까야
옴 싸르와 바예수 뜨라나 까라야
따스마이 나마하 끄리뜨와
이맘 아리야발로끼떼스와라쓰따반
닐라깐타 나마 흐리다얌 아바르따이시
야미
싸르와르타 싸다낭 수밤 아제양

싸르와 부따남 바바 마르가 비숫다깜
따드-야타
옴 알로께 알로까마티 로까띠끄란떼
혜혜 하레 마하보디사뜨와
쓰마라 쓰마라 흐리다양
꾸루 꾸루 까르망 싸다야 싸다야
두루 두루 비자얀떼 마하비자얀떼
다라 다라 다렌드레스와라
짤라 짤라 말라 비말라 아말라 묵떼
에히에히 로께스와라 라가 비상 비나사야
드웨사 비상 비나사야 모하 비상 비나
사야
훌루 훌루 말라 훌루 훌루 하레 빠드
마 나바
싸라 싸라 씨리 씨리 쓰루 쓰루
부디야 부디야 보다야 보다야

마이뜨레야 닐라 깐따

까마씨야 다르사남 쁘라흘라다야마나하
쓰와하

씻다야 쓰와하 마하씻다야 쓰와하

씻다요게스와라야 쓰와하 닐라 깐타야
쓰와하

바라하 무카 씽하 무카야 쓰와하

빠드마 하스따야 쓰와하 짜끄라육따야
쓰와하

상카 삽다 니보다나야 쓰와하

마하 라꾸따 다라야 쓰와하

바마 스깐다 디사 스티따 끄리스나 지
나야 쓰와하

비야그라 짜르마 니바싸나야 쓰와하

나모 라뜨나 뜨라야야

나마 아리야발로끼뗴스와라야 쓰와하

옴 씨디안뚜 만뜨라 빠다야 쓰와하

(5회, 21회 또는 108회)

◉ **여의보륜왕다라니如意寶輪王陀羅尼** ◉

나모 붇다야 나모 달마야 나마 쌍가야
나마 아리야발로끼떼스와라야 보디 싸
뜨와야 마하 싸뜨와야 마하 까루니까야
따드-야타 옴 짜그라 와르띠 찐다마니
마하 빠드메 루루 띳타 즈왈라 아깔샤
야 훔 파프 쓰와하

옴 빠드마 찐따 마니 즈왈라 훔
옴 와라다 빠드메 훔

◉ 소재길상다라니消災吉祥咒 ◉

나마 싸만따 붇다낭 아쁘라띠하따 싸사
나낭 따드-야타 옴 카 카 카아히 카아
히 후움 후움 즈왈라 즈왈라 쁘라 즈
왈라 쁘라 즈왈라 삣타 삣타 쉬트리
쉬트리 스포타 스포타 쌰얀띠카 쓰리이
예 쓰와하 (108번)

◉ 공덕보산신주功德寶山神咒 ◉

나모 붇다야 나모 달마야 나모 상가야
신데 후루 후루 신두루 끄리빠 끄리빠
씬다니뿌루니 쓰와하

◉ 불모준제신주佛母準提神咒 ◉

나마 쌉따남 싸미약 쌈붇다 꼬띠난 따
드-야타 옴 짤레 쫄레 쭌디 쓰와하

◉ 성무량수결정 광명왕다라니 ◉
聖無量壽決定 光明王陀羅尼

나모 바가와떼 아빠리미트 아유르-즈냐
나 쑤-위닛찌따-떼조-라자야-따타가따
야 아르하떼 싸미약 쌈붇다야 따드야타
옴 싸르와 쌍쓰까라 빠리쑫다 다르마떼
가가나 쌈무가떼 쓰와바와 윗슏데 마하
-나야 빠리와레 쓰와하

◉ 약사관정진언藥師灌頂真言 ◉

나모 바가와떼 바이싸지아 구루 바이두리야 쁘라바 라자야 따타가따야 아르하떼 싸미약 쌈붇다야 따드-야타 옴 바이싸지에 바이싸지에 바이싸지아 쌈우드가떼 쓰와하

◉ 관음영감진언 ◉
觀音靈感眞言 · 白衣大士神咒

옴 마니 빤메 훔 마하즈냐나 찟또빠다 찟따시야 나-위따르까 싸르와르타 쁘라싯다까 나-뿌라나 나-쁘라뜌빤나 나모 로께스와라야 쓰와하

◉ 칠불멸죄진언七佛滅罪真言 ◉

리빠 리빠떼 꾸하 꾸하떼 따라 리떼
니하 라떼 위마 리떼 쓰와하

◉ 왕생정토신주往生淨土神呪 ◉

나모-아미따바야 따타가따야 따드야타
아므리또-바웨 아므리따-싣담바웨 아므
리따-위끄란떼 아므리따-위끄란따-가미
네 가가나-낄띠-까레 쓰와하

◉ 불정존승다라니佛頂最勝陁羅尼 ◉

나모 바가와떼

뜨라일로꺄 쁘라띠위씨스따야 붇다야

바가와떼

따드야타

옴 위쑌다야-위쑌다야

아싸마-싸마 싸만따와바싸-쓰파라나 가

띠 가하나 쓰와바와 위쑌데 아비씽짜뚜 맘

쑤가따와라 와짜나 아밀따 아비쉐까이

마하 만뜨라-빠다이

아하라-아하라 아유흐쌈-다라니

쏘다야-쏘다야 가가나 위쑌데

우쓰니싸 위자야 위쑌데

싸하쓰라-라슈미 쌈쪼디떼 싸르와

따타가따 아왈로까니 싼-빠라미따 빠리

뿌라니
싸르와 따타가따 마띠 다쌰부미 쁘라띠
스티떼
싸르와 따타가따 흐리다야 아디스타나
디쓰티따 마하무드레 바즈라까야
쌍하따나 위쑨데
싸르와와라나 아빠야 두르가띠 빠리 위
쑨데
쁘라띠 니르와르따야 아유흐쑨데
싸마야 아디스티떼
마니-마니 마하 마니
따타따 부따꼬띠 빠리쑨데
위스푸따 붇디쑨데
자야-자야 위자야-위자야 쓰마라 쓰마라
싸르와 붇다 아디쓰티따 쑨데
와즈리 와즈라가르베

와즈람 바와뚜 마마 샤리람
싸르와 사뜨와남 짜 까야 빠리위쏟데
싸르와 가띠 빠리쏟데
싸르와 따타가따 싱짜 메 싸마스와싸얀뚜
싸르와 따타가따 싸마쓰와싸 아디스티떼
붇디야-붇디야 위붇디야-위붇디야 보다
야-보다야 위보다야-위보다야 싸만따
빠리쏟데
싸르와 따타가따 흐리다야 아디쓰타나
디쓰티따 마하무드레 쓰와하

◉ 광명진언光明眞言 ◉

옴 아모가 바이로짜나 마하무드라 마니
빠드마 즈와라 쁘라와르따야 훔

◉ 회향게송 ◉

원이차공덕 보급어일체
願而此功德 普及於一切

아등여중생 개공성불도
我等與衆生 皆共成佛道

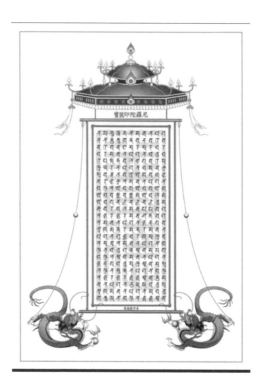

◉ 마하반야바라밀다심경 ◉

모든 것을 아는 부처님께 절하옵니다.

거룩한 관자재보살이 한 없이 깊은 반야바라밀다에 행하실 때, 살펴보시니 다섯 가지 근간(오온五蘊)이 있는데 그들은 자기 성품이 모두 비었음을 보셨느니라.

여기에서 사리불아, 색은 빈 것(공)이요,
빈 것은 또한 색이니, 색을 떠나 빈 것이 없고,
빈 것을 떠나 색이 없어, 색이 바로 빈

것이요,
빈 것이 바로 색이다. 느낌과 생각과 결합(작용)과 식별 또한 이와 같다.

여기에서 사리불아, 모든 법은 빈 것을 나타내나니 생하거나 멸한 일이 없었고, 더럽거나 깨끗한 일이 없었고, 모자라거나 가득 찬 일이 없었다.

그러므로 사리불아, 빈 것에는 색이 없고 느낌·생각·결합(작용)·식별이 없다. 눈·귀·코·혀·몸·의지가 없고, 색·소리·냄새·맛·촉감·법이 없다. 눈의 계층이 없고 이어 의지식별의 계층에 이르기까지 없다.

밝힘과 밝힘 아닌 것이 없고 밝힘의
멸진과 밝힘 아닌 것의 멸진이 없으며,
이어 늙고 죽음에 이르기까지 없다. 괴
로움·집기·멸함·길이 없다.

알음이 없고 얻음과 얻음 아닌 것도
없다.

따라서 얻음이 없는 까닭에 보살에게는
반야바라밀다에 의지하여 머무나니, 마
음에 가림이 없다. 마음에 가림이 없으
므로 두려움이 없고 뒤바뀐 생각을 넘
었고 열반을 다하였다.

삼세의 모든 부처는 반야바라밀다에 의
지하여 다시 없는 바르고 원만한 깨달

음을 이루셨다.

그러므로 마땅히 알라. 반야바라밀다의 큰 진언, 큰 밝힘의 진언, 다함없는 진언, 동등함이 없는 진언은 모두 괴로움을 없애주는, 진실로 반야바라밀다에서 설한 진언이니 그것은 다음과 같다.

가떼가떼 빠라가떼 빠라상가떼 보디 쓰와하 (3회)

⊙ 회향게 ⊙

상래현전청정중　上來現前淸淨衆
풍송능엄비밀주　諷誦楞嚴祕密呪
회향삼보중룡천　廻向三寶衆龍天

수호가람제성중　守護伽藍諸聖衆
삼도팔난구리고　三途八難俱離苦
사은삼유진첨은　四恩三有盡霑恩

국계안녕병혁소　國界安寧兵革銷
풍조우순민안락　風調雨順民安樂
대중훈수희승진　大衆壎修希勝進

십지돈초무난사　十地頓超無難事
삼문청정절비우　三門淸淨絶非虞
단신귀의증복혜　檀信歸依增福慧

시방삼세일체불　十方三世一切佛
제존보살마하살　諸尊菩薩摩訶薩
마하반야바라밀　摩訶般若波羅蜜

출판 자금을 내거나
독송 · 수지하는 사람과
여러 사람 여러 장소에
유통시키는 사람들을 위해
두루 회향하는 게송

경을 인쇄한 공덕과 수승한 행과
가없는 수승한 복을 모두 회향하옵나니,
원하옵건대 전생 현생의 업이 다 소멸되고,
업과 미혹이 사라지고 선근이 증장되며,
현생의 권속이 안락하고, 선망 조상들이 극락왕생하며,

시방찰토 미진수 법계, 공존공영하고 화해원만하며,
비바람이 항상 순조롭게 불고 세계가 모두 화평하며,
일체 재난이 없어지고 사람들이 건강 평안하며,
일체 법계 중생들이 함께 정토에 왕생하게 하소서.

나무 구고구난 아미타불!
(고통과 어려움을 구제해 주시고)
나무 미타주정 아미타불!
(아미타불께서 항상 정수리에 머무시고)
나무 불광호신 아미타불!
(아미타불 광명이 신체를 보호해 주시고)
나무 제불호념 아미타불!
(시방 모든 부처님들의 호념을 받는다)
나무 보살상수 아미타불!
(보살님들이 따라다닌다)
나무 명중호지 아미타불!
(신장들의 보호를 받는다)
나무 소제죄장 아미타불!
(죄업의 장애가 사라진다)
나무 증장복혜 아미타불!
(복과 지혜가 자라난다)
나무 이제액난 아미타불!
(모든 액난으로부터 벗어난다)
나무 능득수강 아미타불!
(건강과 장수를 얻는다)
나무 장회선종 아미타불!
(장차 편안하고 행복한 임종을 얻는다)
나무 입정정취 아미타불!
(정정취·불퇴전지에 든다)
나무 단제윤회 아미타불!
(윤회를 끊는다)
나무 왕생정토 아미타불!
(정토에 왕생한다)
나무 성취불과 아미타불!
(불과를 성취한다)
나무 광도중생 아미타불!
(널리 중생을 제도한다)

南無阿彌陀佛

무구정광대다라니경
보협인다라니경
수구성취다라니경

1판 1쇄 펴낸 날 2021년 3월 24일
엮음 무량수여래회
발행인 김재경 **편집** 허만항 **디자인** 김성우 **마케팅** 권태형 **제작** 경희정보인쇄
펴낸곳 도서출판 비움과소통
　　　서울 금천구 가산디지털2로 43-14 한화비즈2차 7층 702호
　　　전화 010-6790-0856 팩스 0505-115-2068
　　　이메일 buddhapia5@daum.net
출판등록 2010년 6월 18일 제318-2010-000092호

＊ 책값은 뒤표지에 있습니다.
＊ 잘못된 책은 서점에서 바꾸어 드립니다.
＊ 전세계 정종학회에서 발간된 서적은 누구든지 번역해서 사용할 수 있습니다. 한국어판
　 역시 출판사로 통보만 해주시면 포교용으로 활용이 가능합니다.